Hermann Gebert

Geschichte
einer Berufung

Karl Leisner
(1915-1945)

W0190240

Patris Verlag • Vallendar-Schönstatt

Alle Rechte vorbehalten. Printed in Germany
©2001 by Patris Verlag GmbH, Vallendar-Schönstatt
Umschlaggestaltung und Grafik: Hildegard Hug
Satz: Patris Verlag GmbH, Vallendar-Schönstatt
Herstellung: Druck und Verlag Fuck, Koblenz
ISBN: 3-87620-234-5

Inhalt

Opfern – und geopfert werden

4

Sieger in Ketten

Ganzhingabe

Nachwort

Vorwort

Mein Vorwort soll ein Dankeswort sein: ein Wort des Dankes für Karl Leisner, dem ich auf dem Weg meiner Berufung zum Priestertum schon früh begegnen durfte; und ein Wort des Dankes an Karl Leisner für sein mitreißendes Glaubenszeugnis.

Zuerst begegnete mir Karl Leisner im lebendigen Zeugnis von Mithäftlingen im Konzentrationslager (KZ) und von Mitgliedern seiner Münsteraner Schönstattgruppe. Kaplan Dresbach, der im KZ mit Karl zur ersten Schönstattgruppe gehört hatte und später der Führer seiner Gruppe ‚Victor in vinculis‘ war, erzählte uns als Theologiestudenten von Karl und feierte mit uns in der Lagerkapelle im Priesterblock 26 des KZ im roten Primizgewand von Karl und an seinem Primizaltar die heilige Messe. Als ich selber als Neupriester in Schönstatt 1954 zum erstenmal die heilige Messe feiern durfte, waren nicht wenige junge Priester aus der Schönstattgruppe von Karl aus Münster zugegen. Unvergesslich bleibt mir der sogenannte ‚Michaelsakt‘ im Kapellchen in Schönstatt am 11. August 1955. Über 70 junge Priester weihten sich in einem Akt der Ganzhingabe erneut der Dreimal Wunderbaren Mutter und Königin von Schönstatt, „damit sie die gegenwärtige schwierige Situation entwirre", wie es in der Weiheansprache hieß. Die Ansprache beim Heiligtum hielt Domkapitular Heinrich Tenhumberg, der Führer der Münsteraner Schönstattgruppe ‚sacerdotem oportet offerre‘, der Karl bis zu seinem Tod treu verbunden war. Zur Deutung des Weiheaktes führte Tenhumberg aus: „Unser Akt will Ganzhingabe sein. Wir wollen sie setzen und immer leben im Geiste Karl Leisners..:
1. in steter Verbindung mit dem Kapellchen...
2. in steter Verbindung mit der Gemeinschaft...
3. in steter Haltung der Anbetung...“

Sodann begegnete mir Karl Leisner im schriftlichen Zeugnis seiner Biographen. Zuerst in der packenden Lebensbeschreibung „Stephanus heute" von Pater Otto Pies SJ, der im KZ mit Karl nahezu vier Jahre in einer menschlich nahen und geistlich tiefen Freundschaft verbunden war. Er kann Zeugnis geben aus den täglichen gemeinsamen Erfahrungen als Mithäftling und mit einem von tiefer seelischer Übereinstimmung hellsichtig gewordenen Herzen. René Lejeune hat als Elsässer und Franzose in Karl Leisner das Herz für Europa entdeckt. Als Ehemann und Familienvater und als Pädagoge zeichnet er in seiner Biographie „Wie Gold im Feuer geläutert" einfühlsam das seelische Reifen Karls in dessen zuweilen schmerzvollen Prozessen. Joachim Schmiedl bemüht sich in seiner Biographie „Mit letzter Konsequenz" um eine objektive und umfassende Dokumentation von Karls Lebensgeschichte. Viele weitere Arbeiten wären noch zu nennen. Die hier jetzt vorliegende Biographie profitiert von all diesen vielen Vorarbeiten und ist den Autoren zu Dank verpflichtet. Sie will diese Arbeiten nicht ersetzen, sondern ergänzen. Vor allem will sie die innere Vernetzung von Karl Leisner mit den beiden Schönstattgruppen in Münster und im KZ und das gemeinsame Ringen um die Ganzhingabe an die Mta und durch sie an den Dreifaltigen Gott in den Blick bringen.

Weitere Veröffentlichungen sind zu erwarten. Besonders hoffnungsverheißend ist das hingebungsvolle Bemühen von Spiritual Hans-Karl Seeger, die Tagebücher von Karl Leisner zu kommentieren und weiten Kreisen zugänglich zu machen. „Karl Leisners letztes Tagebuch" ist eine erste Frucht seiner unermüdlichen Tätigkeit, der ich weiteres Gelingen und weitgehende Unterstützung wünsche. Vieles von seiner Forschungsarbeit ist in die hier vorliegende Biographie mit eingeflossen. So bin ich ihm zu besonderem Dank verpflichtet, aber auch vielen anderen, die an ihrem

Entstehen mitgearbeitet haben. Stellvertretend für sie alle möchte ich Frau Anette Kluck nennen, die den Text ins Reine geschrieben hat.

Hermann Gebert

Sein Reich:
Jugendreich – Gottesreich

„Herrlich: Unser Vater und unsere Mutter...
in dieser Familie bin ich geborgen, daheim...“

Als am 20. August 1945 die sterblichen Überreste von Karl Leisner in Kleve am Niederrhein unter großer Beteiligung der Bevölkerung zu Grabe getragen wurden, lag die Stadt Kleve in Trümmern. Soeben war der zweite Weltkrieg zu Ende gegangen und Europa war ein Ruinenfeld. Geboren wurde Karl Leisner gut 30 Jahre zuvor in Rees am Niederrhein, nicht weit von Kleve, nahe zur holländischen Grenze, am 28. Februar 1915. Ein halbes Jahr zuvor war der erste Weltkrieg entbrannt und hatte schon schwere Opfer gefordert unter der Jugend Europas auf blutigen Schlachtfeldern und unter hilflosen Menschen in niedergebrannten Städten und Dörfern. Über dieser finsteren und stürmischen Zeit großer Zusammenbrüche leuchtet der Selige Märtyrer Karl Leisner als ein heller Stern der Hoffnung für ein geeintes Europa und als ein Rufer an neue Generationen, dieses Europa aus den tieferen Quellen des Christentums zu beleben und mit dafür zu sorgen, dass sein Lebensopfer und das Lebensopfer so vieler idealgesinnter junger Menschen seiner Zeit nicht umsonst gebracht sind. Karl Leisner hatte noch die Gnade, die Kraft zu einem heroischen Leben und Sterben für sein Volk, für Europa und besonders für die Jugend aus der Geborgenheit in einer tief christlichen Familie schöpfen zu dürfen.

Wilhelm Leisner, der Vater von Karl und seine Mutter Amalie geb. Falkenstein sind in Goch in derselben Straße aufgewachsen. Sie haben sich lieben gelernt in Neuss, wohin die Familie Falkenstein mit den 11 Kindern umgezogen war und wo Wilhelm Leisner eine Stelle als Gerichtssekretär hatte. 1914 heirateten die Eltern in Köln in der St. Andreas-Kirche. Karl war ihr erstes Kind. Es folgte sein Bruder Willi, 1916 geboren in Goch. Wilhelm Leisner wurde gleich nach Kriegsbeginn am 04. August 1914 nach München eingezogen zur Infanterie. In den beiden ersten Kriegsjahren war er dreimal zum Fronteinsatz im Westen und kam wegen Verwundung und Erkrankung dreimal ins Lazarett. Im dritten Kriegsjahr ging es zunächst wieder in den Westen, nach Verdun, und von dort nach Osten in die Karpaten. Nach erneutem Lazarettaufenthalt kam der Leutnant der Reserve als Adjutant zur Gebirgsinfanterie nach Immenstadt im Allgäu. Er wurde zur Ausbildung eingesetzt. Die Mutter folgte mit den zwei Buben nach und bezog eine Mietwohnung. Dort wurde im November 1917 Maria geboren. Als nach Kriegsende die Familie nach Rees zurückgekehrt war, kam dort 1919 Paula zur Welt. Elisabeth wurde 1923 in Kleve geboren.

Karl ist am 03. März 1915 in Rees in der Pfarrkirche St. Mariä Himmelfahrt getauft worden. Er besuchte dort den Kindergarten und wurde Ostern 1921 eingeschult in der Katholischen Volksschule Rees. Noch im gleichen Jahr wurde der Vater nach Kleve versetzt, und die Familie zog mit ihm dorthin um. Ab Dezember 1921 besuchte Karl die Mittelstadtschule in der Klever Mühlenstraße.

In Kleve erlebte Karl entscheidende und frohe Jahre seiner Kindheit und Jugendzeit. Die Geschichte der Stadt um die Schwanenburg reicht tief ins christliche Mittelalter zurück. Kleve war ein nicht unbedeutender Brennpunkt Europäischer Geschichte mit ihren Höhen und Tiefen. In der Schwanenburg hatte Wilhelm Leisner jetzt sein Büro als Rentmeister beim Amtsgericht. In der „Stiftskirche" Mariä Himmelfahrt, seiner Pfarrkirche, empfing Karl Leisner am Weißen Sonntag, dem 19. April 1925, zum erstenmal die heilige Kommunion und am 20. Juli 1927 zusammen mit seinem Bruder Willi das Sakrament der Firmung.

Karl Leisner als Theologiestudent

Mit den Eltern und Geschwistern im Garten des Eltern-
hauses (1938); Karl zweiter v. l.

Karl erlebte sich in seiner Familie bis zum Ende seines Lebens tief geborgen und daheim. Der Vater galt als aufrechter, ordnungsliebender und konsequenter Mann. Die Kinder schenkten ihm großes Vertrauen. In abendlichen Gesprächen konnte es schon einmal hitzig zugehen, und es konnte ihm auch einmal die Hand ausrutschen. Die Mutter sorgte in ihrer ruhigen Art für guten Ausgleich. Der Vater setzte sich als Mitglied der Vinzenzkonferenz besonders auch für die Armen ein. Karl hatte wohl von beiden etwas. Wenn er daheim in Abwesenheit der Eltern auf die Geschwister zu achten hatte, konnte er sehr konsequent sein. Andererseits war er sehr hilfsbereit. Seine Niederschriften im Tagebuch und seine Briefe an Angehörige zeugen von einer herzlichen Liebe zu Geschwistern und Eltern.

An der Hand der Eltern lernte er die Schönheit seiner Heimat entdecken, die Pflanzen und die Tierwelt, besonders auf vielen Spaziergängen in den einzigartigen herrlichen Reichswald um Kleve. Im Mittun mit den Eltern und im Aufblick und Hören auf sie lernte er beten und Gott zu entdecken in seinem Alltag, in den Festen des Kirchenjahres und im Miterleben des volksfrommen Brauchtums. An der Hand der Eltern pilgerte er als Fünfjähriger und dann noch oft nach Kevelaer zum Marienheiligtum der ‚Trösterin der Betrübten' und zu anderen Wallfahrtsorten, die er alle von Kind an sehr lieb gewann. Bei seiner Taufe hat er – wie später alle weiteren vier Geschwister – auch den Namen Maria bekommen: Karl Friedrich Wilhelm Maria. Mit Maria wird ihn zeitlebens eine herzliche und tiefe Liebe verbinden.

Karl war sich der Gnade seiner christlichen Familie und Eltern zeitlebens immer bewusst. Am 04. Dezember 1937 schreibt er : *„Herrlich: Unser Vater und unsere Mutter. – Es wird immer schöner! – Und in dieser Familie bin ich geborgen,* *daheim. Das gibt mir, muss mir geben, ein ruhiges Gefühl der Si-cherheit. Wir beten füreinander. Ach, all diese Gnade, diese un-geheuchelte Liebe, dieses Füreinander."* – *„Ich habe wirklich zwei heilige Eltern, das danke ich Gott"*, schreibt er am 18. April 1938.

Im Oktober 1929 zog Karl mit der Familie aus der Trift-straße 107 / I um in die Flandrische Straße 11. Dieses Haus hatte sich der Vater von den Dernbacher Schwestern käuf-lich erwerben können. Karl bekam mit seinem Bruder ein Zimmer im Dachgeschoss. Willi war zur Zeit des Umzugs noch in der Provinzial-Kinderheilanstalt Süchteln (vom 29. August 1929 bis 28. März 1931), wo ihn Karl fleißig be-suchte.

„Ein bedeutsames Ereignis für mein ganzes Leben... Leben in der katholischen Jugendbewegung...“

Ostern 1925 kam Karl Leisner an das Städtische Gymnasium in Kleve. Dort belegte er den altsprachlichen Zug. Das Lernen fiel ihm leicht, besonders lagen ihm die Sprachen, weniger die Mathematik. Zum Fleiß musste er immer wieder angehalten werden. Denn durch die Schule eröffneten sich ihm noch andere, weit verlockendere Betätigungsfelder. 1926 kam nach Kleve ein junger sportlicher Priester als Kaplan an St. Mariä Himmelfahrt. Er wurde Religionslehrer am Gymnasium und unterrichtete dort auch Sport und Hebräisch, Dr. Walter Vinnenberg, in Münster zum Priester geweiht am 27. Februar 1926. Dr. Vinnenberg war vom Quickborn geprägt und war ganz offen für die Strömungen, die damals vor allem in der jungen Kirche aufgebrochen waren: Jugendbewegung, Liturgische Bewegung, Bibelbewegung. Ihm wurde es wichtig, den Religionsunterricht durch außerschulische ganzheitlich-religiöse Erziehungsarbeit zu ergänzen. Dafür hatte er eine ausgeprägte Fähigkeit und Ausstrahlung. Als er genügend Kontakt hatte mit den Schülern und Kenntnis ihrer Verhältnisse, machte er einigen den Vorschlag, eine Jugendgruppe zu gründen. Zu diesen gehörte Karl Leisner. Am 03. Februar 1927 traf er sich erstmals mit fünf Buben, die er angesprochen hatte. Am 22. Februar trafen sie sich erneut zur formellen Gründung der Gruppe. Bei diesem Treffen erwählten sie sich den Namen St. Werner, gewiss deshalb, weil sie den Namen eines jugendlichen Heiligen tragen wollten. Der zwölfjährige Karl erhielt das Amt des Schriftführers. Am Gründonnerstag 1928 verfasste er in seiner „Chronik von St. Werner in Kleve“ den fünfzigsten Bericht. Organisatorisch verknüpfte Dr. Vinnenberg die Gruppe mit dem ‚Jungkreuzbund‘, der aus einer Abstinenzbewegung hervorgegangen war. Daraus wurde 1928 der ‚Katholische Wandervogel'. Diesem blieb die Gruppe verbunden. Bei einem Gautag an Ostern 1928 ließen die Klever sich durch die ‚Knappenweihe' in diesen neuen Verband aufnehmen.

Die Gruppentreffen mit Dr. Vinnenberg waren in der ‚Münze', in der Dr. Vinnenberg wohnte, einem Waisenhaus in der Gasthausstraße in Kleve, das von Borromäerinnen aus Trier geführt wurde. Dr. Vinnenberg zelebrierte ‚auf der Münze' und feierte dort auch Gemeinschaftsmesse mit der Gruppe.

In seiner Chronik berichtet Karl gewissenhaft über die Aktivitäten der Gruppe. Dazu gehörten Wanderungen, Fahrradtouren, Spiele aller Arten, Schwimmen, Singen – und bald auch das damals beliebte und viel praktizierte Handpuppenspiel, das Kasperletheater. Die Figuren schnitzten die Buben selbst unter Anleitung eines Klever Bildhauers. Bekleidet wurden sie von Dr. Vinnenbergs Mutter. Am 11. Dezember 1927 gab es eine Vorführung vor dem Katholischen Beamtenverein in Kleve, dessen Vorsitzender Karls Vater war. Das hier und später eingespielte Geld wurde für Zeltlager, Fahrten und für andere Projekte der Gruppe verwendet. Dr. Vinnenberg, den Karl gerne ‚unseren Führer' nannte (es machte damals ein anderer als ‚Führer' immer mehr von sich reden), sorgte auch für ernsthafte Gespräche in der Gruppe über Fragen, die für die Buben von Bedeutung waren.

Außer den wöchentlichen oder 14tägigen Treffen waren vor allem die Fahrten im Sommer wie im Winter wichtig. Die erste größere Fahrt 1928 führte als Westfalenfahrt auch zur Teilnahme am ersten ‚Bundestag' des ‚Katholischen Wandervogels'. 1929 gab es eine Rügenfahrt, die schließlich nach Berlin führte und zu einem Besuch im Plenarsaal des Reichstages.

Am 16. April 1929 verabschiedete sich Dr. Vinnenberg nach Maria Laach in ein Heim für Jugendliche. Die Gruppe St. Werner und besonders Karl blieben ihm verbunden. Dr. Vinnenberg hatte Karl das Du angeboten. Ganz zaghaft ging er darauf ein und ließ diese Verbindung mit dem vorbildlichen Priester und Erzieher nicht mehr abbrechen bis zum Ende seines Lebens. Dr. Vinnenberg war auch künftig noch bei mancher Fahrt oder Tagung dabei, so 1930 beim Bundestag des ‚Katholischen Wandervogels' im Westerwald und anschließend auf der Weiterfahrt nach Maria Laach.

Als Karl das Heft der Chronik vollgeschrieben hatte, fing er ein zweites Heft an, das er überschrieb: „Mein Tagebuch". Und dann führte er das Tagebuchschreiben weiter, solange er konnte. 27 Hefte sind erhalten. Sie geben tiefen Einblick in das Ringen und Reifen eines vielseitig begabten und begnadeten jungen Menschen. Karl zeigt in seinen Niederschriften eine schriftstellerische Begabung. Auch innerseelische Vorgänge wusste er sehr treffend und ausdrucksreich darzustellen. In den ersten Heften berichtet er vor allem über die gemeinsamen Unternehmungen der Gruppe. Dann kommen aber bald auch zunehmend Reflexionen über sein Innenleben wie auch Kommentare zu wichtigen kirchlichen und gesellschaftlichen Ereignissen. Sein Beobachtungs- und Erlebnishorizont weitet sich auf immer weitere Bereiche des Vaterlandes und darüber hinaus, der Kirche, der Politik, der Kultur, auf Kunst, Musik und Literatur. – Karl singt im Chor der Schule mit, auch wieder nach seinem Stimmbruch (als Bass).

Aus dem Tagebuch wird sichtbar, dass für Karl vor allem auch Personen wichtig sind. Er hatte eine hervorragende Fähigkeit zu personalen Beziehungen. Er wollte niemanden abhängen, der ihm einmal wichtig geworden war. Auffallend ist auch seine religiöse und geistliche Beziehungsfähigkeit. Die Personen der Allerheiligsten Dreifaltigkeit und Maria sind für ihn nicht blasse Idee, sondern gegenwärtige Lebenspartner. Er weiß sein tägliches Leben und sein Erleben in und mit der Gruppe wirksam mit der Glaubenswirklichkeit zu vernetzen.

Karl blieb sich bewusst, wie viel er Dr. Vinnenberg und seiner Gruppe St. Werner zu verdanken hatte. In seinem Lebenslauf für das Abitur schrieb er 1933:

„Ein bedeutsames Ereignis für mein ganzes Leben war es, als unser damaliger jugendlicher Religionslehrer an mich herantrat, um mich für eine Gruppe zu gewinnen, die er als Jugendbewegter ins Leben rufen wollte. Was ich von da an durch das Leben in der katholischen Jugendbewegung an seelischem Reichtum und körperlicher Ertüchtigung gewonnen habe, das kann ich keinem sagen. Das wird auch keiner begreifen, wenn er nicht selbst einmal ganz in einer jugendbewegten Gruppe gestanden hat."

„...es ist ‚verteufelt' schwer, eine Gruppe zu leiten. Ich werde alle meine Kräfte daran setzen, um es wirklich gut zu machen."

Nach dem Abschied von Dr. Vinnenberg musste sich die Gruppe St. Werner nach einem neuen Begegnungsort umsehen. Ab Ostern 1928 halfen die Jungen um Karl Leisner mit anderen Gruppen der Bündischen Jugend mit, den Stumpf einer alten Mühle als Heim auszubauen. Am 13. Oktober 1929 wurde das neue Heim an der Merowingerstraße bezogen. Auch stand eine Aufteilung der Gruppe an. Sie erfolgte im April 1930 im Beisein von Dr. Vinnenberg. Karl gehörte künftig zur Gruppe der Älteren. Gruppenleiter wurde der fünf Jahre ältere Alfons van Thiel (Föns). Hermann Mies führte die Gruppe der Jüngeren. Die Jungen machten sich daran, ihr Heim in der Mühle zu verschönern. Dazu brauchten sie Geld. Vom 11. August bis 02. September 1930 unternahmen sie eine Spielfahrt mit dem Kasperltheater ins Münsterland. Am 27./28. September beteiligten sich die Klever am Gautag des ‚Katholischen Wandervogel' in Solingen. Wenige Tage zuvor wurde ihnen bekannt, dass Föns, der Gruppenführer der Älteren, sich entschlossen hatte, bei den Kapuzinern in Münster einzutreten. Am 22. September gab es eine Abschiedsfeier für Föns. Was der Gruppenführer für den gut 15-jährigen Karl bedeutet hat, geht aus Karls Notizen im Tagebuch hervor: *„...Unsere Gedanken sind voll Dank gegen Föns, aber auch voll Abschiedsschmerz. Föns, unser lieber Föns, unser versöhnender, lustiger, guter Führer geht weg. Ja, Föns war ein Führer. So wie er war, war keiner von uns. Er hatte die Gruppe durch dick und dünn fein geführt. Wir liebten ihn und hingen an ihm, und er sollte jetzt weg. – Ein letzter Händedruck an der Ecke des Mühlenweges ...Dann sind wir allein, ohne Föns. Es ist fast zum Heulen!...Es ist ein harter Verlust und wohl niemals (!) werden wir einen solchen lieben, feinen Führer wiederbekommen..."*

Ähnlich äußert sich Karl in einem Brief an Dr. Vinnenberg vom 03. Oktober 1939: *„...Föns war wohl der feinste Kerl, der dabei war, und keiner ist ein so guter Führer wie Föns..."*

Die Gruppe brauchte einen neuen Führer. Wegen der großen Zahl wurde die Jüngerengruppe zunächst einmal geteilt. Die allermeisten aus der neu entstandenen Gruppe wollten Karl Leisner zu ihrem Führer haben. Sie gaben sich den Namen „die Wölfe". Ambitionen hatte aber auch noch Peter Drießen. Karl befürchtete, Peter könnte sich zurückgesetzt fühlen. Er wäre bereit gewesen, zurückzutreten und bat am 19. November Dr. Vinnenberg um Vermittlung. Er schreibt: *„Ich möchte aber wirklich nicht, dass meinetwegen sich irgendeiner verletzt fühlt und ich möchte Dir, lieber Walter, sagen, dass ich lieber noch von meinem ‚Posten' zurücktrete, als dass sich auch nur einer darob verletzt oder gekränkt fühlt. Also ‚beruhige' bitte Peter diesbezüglich. – Aber ich möchte Dich auch bitten, mir bei dieser schwierigen Aufgabe zu helfen; denn es ist ‚verteufelt' schwer, eine Gruppe zu leiten. Ich werde alle meine Kräfte daran setzen, um es wirklich gut zu machen."*

Schwierigkeiten blieben tatsächlich nicht aus. Um die Mühle als Heim besser zu nützen, hat sich Karl wieder stärker mit den Quickbornern zusammengetan, denen die Mühle auch als Heim dienen durfte. Beide Jugendgemeinschaften veranstalteten Ende des Jahres eine Bastelausstellung „in ihrem Heim, der alten, idyllischen Mühle an der Merowingerstraße", auf die auch die Zeitung aufmerksam machte. Sie brachte einen Erlös von 100 Reichsmark. Im Juni 1931 gab es noch ein gemeinsames Zeltlager. Doch aus der ‚Verquickung' wurde nichts Rechtes, wie Karl im Tagebuch einmal vermerkt. Es kam zu mancherlei Spannungen, die ihren Grund auch in mancher Überforderung hatten. Als Karls Osterzeugnis in manchen Punkten nicht zufrieden stellte, musste sein Vater die Zügel anziehen und

ihn von manchen Aktivitäten stärker zurückhalten. Die Krise um die Gruppenzugehörigkeit hielt das ganze Jahr durch an. Am 14. Juli 1931 finden wir eine Spur davon im Brief an Dr. Vinnenberg: *„Ich will Dir ganz offen und ehrlich sagen, mir und manch andrem gefällt das Gruppenleben lang nicht mehr so gut wie im K.W.V. unter Föns van Thiel..."* In solcher Lage und Stimmung wurde für ihn die Einladung seines Religionslehrers Dr. Bernhard Peters zu Exerzitien im Benediktinerkloster Gerleve (05.-09. September 1931) zu einer wertvollen Hilfe. Die Spannungen ließen nicht nach. Am 13. Januar 1932 trat Karl Leisner aus der Quickborner Gruppe aus. Am 24. Februar 1932 berichtete Karl darüber an Dr. Vinnenberg: *„Zunächst sind wir beide* (sein Bruder Willi und er) *aus der Gruppe getreten bzw. getreten worden...ich habe an der Gruppe, ehrlich gesagt, die Freude verloren. Denn schon seit mindestens 3/4 Jahren wurde ich als ‚Bürger 2. Klasse' behandelt. Man sah in mir immer noch den K.W.V.- er; im Anfang nach dem Zusammenschluss war ich ja leider so kindisch, in meinen K.W.V. verbohrt zu sein, aber ich glaube, ich bin doch allmählich ein vernünftiger Kerl geworden, mit dem man bei einigermaßen gutem Willen auskommen kann..."*
Es folgen Beispiele für seine Feststellung, Am Schluss meint Karl: *„Jetzt habe ich meinen Schmerz von der Leber runter geschrieben."* Ein Aufgeben der Jugendarbeit kam für Karl aber nicht in Frage.

Mit Hermann Mies, der aus der Gruppe geflogen war, und anderen ging Karl an die Planung einer neuen Gruppe. Die Pläne wurden in Münster in der Osterwoche mit Dr. Vinnenberg besprochen. Am Sonntag, den 10. April 1932 heißt es im Tagebuch nach einem Vierertreffen beim ‚Puhl': *„Wir sprachen über die Bildung einer neuen Gruppe. Die ‚herausbeförderten' Kleinen hatten sich zu ‚Waldfreunden' zusammengeschlossen. – Sie wollen mit uns zusammen in einer Gruppe arbeiten. Am Mittwoch, den 13.4., soll erster Gruppenabend sein. Bei mir auf der Bude oder im Wald."* Circa sieben Jungen nahmen an der neuen Gruppe teil. Damit widmete sich Karl wieder ausschließlich der Gemeinschaft ,Katholischer Wandervogel'.

Anfang Mai beteiligte sich Karl am Bundestag des Katholischen Wandervogels in Marienthal nahe Wesel. Die Referate beschäftigten sich mit aktuellen Zeitströmungen. Es ging um die Weltwirtschaftskrise mit der steigenden Arbeitslosigkeit, um die bedrohliche Radikalisierung der politischen Standpunkte und um die Notwendigkeit einer ganzheitlichen Bildung. Für den Sommer plante die Gruppe ein zweiwöchiges Lager in den Bockholter Bergen bei Münster und anschließend eine Schweizfahrt.

An der Schweizfahrt ab 14. August 1932 beteiligten sich vier Jugendliche aus Kleve, unter ihnen Karl Leisner und sein Bruder Willi. Sie erkundeten auf ihrer Radfahrt die Schönheit der Natur und von Kulturdenkmälern dem Rhein entlang bis nach Weil am Rhein. Wie immer wusste Karl damit sein Leben aus dem Glauben fast wie selbstverständlich zu verbinden. In Weil am Rhein bereitete er sich auf den Sonntag vor: *„Dann zum nahen Kirchlein. Ich beichte. Alle schwüle Sattheit, allen Neid und Kameradschaftslosigkeit sage ich dem Priester. Es wird wieder froh und leicht, echter Sonntag und Auferstehungstag im Herzen."*

In Stetten am Rhein stieß Dr. Vinnenberg zur Gruppe. Sie kommen nach Einsiedeln und sind beeindruckt von einer Lichterprozession französischer Pilger. In der Nähe von Schwyz am Vierwaldstätter See nimmt die frohe Fahrt ein jähes Ende. Bei einer Bergabfahrt mit Blick auf den Urner See kommt es zu einem ungeschickten Überholmanöver. Willi Leisner stürzt mit der linken Schädelhälfte auf die Betondecke der Straße und ist bewusstlos. Glücklicherweise ist schnell das Krankenauto zur Stelle und bringt ihn nach Schwyz ins Krankenhaus. Karl betet im Kolpinghaus, wo die Gruppe Quartier findet, im Stübchen, in dem sie ihre Unterkunft hatten, kniend für seinen Bruder Willi. Zwischen beiden herrschte eine gute brüderliche Beziehung. Willi schaute wohl immer etwas an Karl empor, und Karl war seinem Bruder herzlich verbunden, besonders seitdem Willi in einer Kinderheilanstalt fast eineinhalb Jahre zubringen musste, veranlasst durch Folgen einer kriegsbedingten Unterernährung. Karl hat in dieser Zeit seinen Bruder oft besucht. Auch später unternehmen sie gemeinsam ihre Fahrten.

Die Gruppe ließ Willi im Krankenhaus zurück und trat die Heimfahrt an. Was an Geld erspart wurde, sollte für die Unkosten des Unfalls sein. Man versäumte dennoch nicht, sich an allem Schönen, was die Rückfahrt brachte, zu freuen, zum Beispiel am Schloss in Bruchsal.

Karl selber sorgte auch für das Wachstum der Gruppe. Nach der Tagung in Schönstatt über den Palmsonntag (05.- 10. April 1933), von der er mit apostolischem Schwung heimgekehrt war, konnte er durch persönliche Werbung 14 neue Jungen gewinnen, davon zehn aus den Unterklasen des Gymnasiums. Hitler war schon der Macht, und die Schüler waren sehr umworben von der Hitler-Jugend.

Schweizfahrt 1932: Dr. Vinnenberg zwischen Karl Leisner (vorne) und Hermann Mies

„Dann im Sommer 1932 die erste Liebe...
Das herrliche Tagebuch des Innenlebens."

Würde man eine Statistik der zahllosen Wanderungen und Fahrten Karl Leisners in seinen Kinder-, Jugend- und Studentenjahren erstellen, könnte man von Karl das Bild eines großen Jungen gewinnen, der unablässig auf dem Weg war, neue Welten zu entdecken. Es gibt Fotos von Karl, wie er mit großen Schritten durch die Fluren zieht, singend, den kleinen Jungschärlern voran, die kaum mit ihm Schritt halten können.

In gleicher Haltung muss er durch die Flure des Collegium Borromäum gezogen sein, wie sich einer seiner Studiengefährten später erinnerte: „Karl fiel oft wegen seines Gebarens auf. Er schritt mit seinen Nagelschuhen polternd über den Flur, dass es nur so krachte...Ich entsinne mich, dass ein Kursgenosse, der ihm nachschaute, zu mir sagte: ‚Der Karl ist ein großer Junge'..."

Unaufhaltsam nahte für Karl aber auch die Zeit, da noch eine andere, unbekannte und nicht weniger faszinierende Welt sich ihm auftat, die Welt des Innenlebens, die Zeit des Erwachens der Geschlechts- und Liebeskraft. Als 16-Jähriger machte Karl Exerzitien in der Benediktinerabtei von Gerleve. Diese Exerzitien erschlossen ihm die herrliche Welt liturgischer Spiritualität in einer sehr lebensnahen Weise. Durch diese Exerzitien sah er sich vor eine Alternative gestellt, die erkennen lässt, dass in seinem Inneren schon längst ein Kampf entbrannt war: *Entweder Heiliger oder Schuft"*. Er war neu entschlossen, der Führung Gottes zu vertrauen und zu folgen auch in der Eroberung seines Innenlebens. Sein Erleben und Ringen, seine Siege und Niederlagen vertraute er ungeschützt seinem Tagebuch an. Er ließ es sorglos in seinem Zimmer liegen. Die Mutter warf eines Tages einen neugierigen Blick hinein. Was sie da las, verwirrte sie sehr und sie vernichtete kurzerhand die betreffenden Seiten. Karl hat es ihr wohl nicht sehr verübelt, aber später trauerte er diesen Niederschriften doch nach. Sie hätten ihm gut dienen können, sich wieder neu zu erinnern, wie er die Zeit und die Kräfte des Reifens als ein Gottesgeschenk erlebt und als eine Erziehungsaufgabe angenommen hat. So blieb nur die vage Erinnerung, wie er sie am 19. September 1936 in einer Stunde der Rückbesinnung wie folgt festgehalten hat:

„Den ganzen Morgen krame ich schon das Tagebuchmaterial durch. Eine herrliche, unbeschreibliche Lebensfülle strömt mir aus diesem Jahr (gemeint: 1932) *entgegen ... Es fehlt mir eigentlich so rechte Nachricht nach der Schweizfahrt von September 1932 bis Februar 1933. Es war eine Zeit inneren Kampfes. Kaplan W.* (wohl Kaplan Wolffram in Kleve St. Mariä Himmelfahrt; Karl bezeichnet ihn im Oktober 1933 im Tagebuch als seinen Beichtvater) *schenkte mir eine Stunde stiller guter Aufklärung. Es kamen aber noch stärkere Versuchungen und Niederlagen. Schade, dass Mutter mir das herrliche Tagebuch des Innenlebens, das ich am 4. November 1932 begann und das ich bis Anfang 1933 führte und die ersten Seiten des zweiten* (Tagebuches) *dieser Art in den Ofen warf. Es war die Zeit der jungen Liebe. Es muss an einem November- oder Dezembertag 1932 gewesen sein, da endlich nach langem Schweigen die große Liebe zu ihr durchbrach* (mit ‚ihr‘ meint Karl Leisner Martha Retzlaff, die Tochter der Familie, die bei Leisners zur Miete wohnte). *– Obersekunda, 17 Jahre – und schon...! Ein wildes heißes Stürmen, ein Ringen und Kämpfen um Ritterlichkeit, Reinheit und Selbstzucht war's.*
Wer zählt die innigen, süßen, heimlichen Stunden, wo Herz zu Herze sprach-. – Ein großes Dilemma war's, als Vater mich mal fragte, ob ich nicht jetzt lieber mit Primareife abgehen und Beamter werden möchte. – Und ich sagte doch nein. – Liebe, Neigung und Pflicht bekämpften sich einander. Die Seele glühte. ――

Mehr kann und will ich nicht schreiben, es soll tiefstes Herzens-geheimnis bleiben. – Und wenn ich mich heute frage und prüfe, ich möchte jene Zeit höchster seelischer Spannung nicht mis-sen."

Damit war die Tür aufgestoßen zu einer reichen Innenwelt und zu den Abgründen einer anderen Liebe, nach der sich Karl im tiefsten sehnte und für die dieses Erwachen der er-sten Liebe wie eine Vorerfahrung war. Die bald folgenden Schönstatt-Exerzitien halfen ihm, auch diese Liebe neu und tiefer zu erspüren. Am Dienstag, den 27. Juni 1933, hatte er sich – wohl im Unterricht – mit Parzival beschäf-tigt, dem ,ringenden Gottsucher'. Unter diesem Datum schreibt Karl:

„Es irrt mein Herz umher, bis es – o Gott – ruhet in dir. Denn Du, Gott, bist die Ordnung, die Schönheit, die tiefste Ruhe, Du gibst Frieden, den die Welt nicht geben kann, Du gibst uns schon hier auf Erden Ewigkeit, wenn wir in Dir ruhen, leben wir in Dir.

Mein ganzes Leben muss also viel gottgebundener, gottverbun-dener, gotthingegebener sein; es muss nicht sein, aber ich will es so haben; demütig darum bitten, suchen, ringen und danach stre-ben. Wie Parzival will ich sein: Ein strahlender, geläuterter Rit-ter Gottes, ein Gottsucher. Ich will mich immer tiefer versenken in die tiefe Gedankenwelt Schönstatts und meine Notizen (von den Exerzitien) *ausarbeiten im ,Buch des Lebens'* (Tagebuch). *Denn – ohne Gottesliebe und Freude der Seele, komme ich zu nichts. – Mit Gott werde ich aber alles in mir haben. Da virtu-tem, Domine!"* (Gib Kraft, Herr!)

Zu seinem inneren Ringen kommen äußere Kämpfe, die nebenher gehen. Er nennt sie neben seinen inneren Kämp-fen: *„Das politische Leben wird täglich interessanter und be-wegter"* (19. September 1936). Und: *„Das große politische Ge-schehen nebenher."* (01. Juli 1938).

„...die herrliche Gymnasiastentagung in Schönstatt, der ich soviel an Gnade und Berufung verdanke..."

Karl Leisner war mit seinem Schulkameraden Jupp Vermeegen im Gymnasium von 1931 bis 1933 für die Ordnung im Kartenzimmer verantwortlich. Die beiden Kartenwarte – der eine aus der Oberprima, der andere aus der Unterprima – durften in den Pausen sich im Kartenzimmer aufhalten. Hier hatten sie viel Zeit und Gelegenheit zu ,frohen und ernsten Gesprächen'. Die beiden kannten sich etwa seit der Mitte der 20-er Jahre. Jupp war zwei Jahre älter als Karl und kam aus Goch. An der Schule seines Bezirkes in Goch war Maria Leisner, die Schwester von Karls Vater, eine der beliebtesten Lehrerinnen.

An Gesprächsstoff im Kartenzimmer fehlte es nie. Im Vordergrund standen die Erlebnisse in Schule, Gemeinde und vor allem Jugendarbeit. Allgegenwärtig in den Gesprächen waren die Stars für diese beiden und für viele katholische Jugendliche von damals: Pius XI, der das Christkönigsfest eingeführt hatte; Ludwig Wolker, der charismatische Generalpräses des ,Katholischen Jungmännerverbandes'; Dr. Heinrich Brüning von der Katholischen Zentrumspartei und Josef Joos von der Katholischen Arbeiterbewegung (im KZ Dachau wird Karl ihm begegnen) – und noch manche andere Persönlichkeiten des kirchlichen, gesellschaftlichen und politischen Lebens. Gesprächsthema war vor allem auch das Machtstreben und die Machtübernahme der Nationalsozialisten und Hitlers mit den bedrohlichen Folgen für Jugendarbeit, Kirche und Volk.

Im Kartenzimmer erzählte Jupp Vermeegen auch von seinen Schönstattfahrten und Schönstattkontakten. Von 1928 bis 1931 wirkte in Goch ein Religionslehrer, der zuvor Kaplan in Klein Erkenschwick war, Joseph Schmitz. Er ist aus demselben Weihekurs wie Dr. Vinnenberg, dem Karl Leisner sehr verbunden war. Joseph Schmitz lud wiederholt Jugendliche zu Fahrten nach Schönstatt und zu Tagungen ein. Jupp bildete mit anderen zusammen eine Schönstatt-Gymnasiastengruppe. Nach seinem Abitur am 07. März wollte er eine Gymnasiastentagung in Schönstatt mit anschließenden Exerzitien besuchen und lud auch Karl Leisner dazu ein. Mit dem Fahrrad kamen Jupp, weitere drei Gocher und Karl am Nachmittag des 06. April 1933 rechtzeitig zur Eröffnung der Tagung in Schönstatt an. Tagungsleiter war Pater Menningen. Tagungs- und Exerzitienthema war ,der moderne Jugendheilige'. Aus der Mitschrift der Vorträge, die sich im Tagebuch von Karl findet, wird deutlich, wie sehr der Tagungsleiter die Teilnehmer für die Auseinandersetzung mit der Nazi-Ideologie wappnen wollte. Er zeigte die Ziele der Gymnasiastenbewegung auf, analysierte die geistige Lage der deutschen Jugend und sprach über eine marianische Volksbewegung und über Selbsterziehung, familienhafte Gemeinschaft und apostolische Verantwortung als Imperativ der Zeit. Die gefüllten Vorträge, die Gebetsstunden im Kapellchen und die Messfeiern – besonders die Liturgie des Palmsonntags – haben Karl tief angesprochen. In der Pfarrkirche in Vallendar empfing er das Bußsakrament bei Pfarrer Backes. Er nahm sich aber auch noch Zeit, allein oder mit einem Kameraden in die erwachende Frühlingsnatur in den Tälern und auf den Höhen des nahen Westerwaldes zu wandern. Mit großen und zahlreichen Vorsätzen kehrte er nach Ende der Tagung am 10. April an den Niederrhein zurück.

Am 01. Juli 1938, als er die niederen Weihen des Ostiariers und Lektors empfing, schrieb er im Rückblick auf diese Gymnasiastentagung und die anschließenden stillen Tage der Exerzitien: *„Da das Einschneidende, dass wie zufällig Jupp mich mit den Gochern nach Schönstatt...nimmt. Die zwei stillen*

Tage dort oben im ersten keimenden Frühling auf den nahen Höhen des Westerwaldes und im stillen Gebet im Kapellchen vor dem Gnadenbild der Dreimal Wunderbaren Mutter oder die abendlichen sakramentalen Andachten mit den Gebeten um Gottes- und Nächstenliebe – mächtig hatte mir das in die Seele gegriffen. Das ganze zurückgetretene, tief schlummernde Priesterliche und Ritterliche in mir war tief erregend wachgestoßen und entflammt..." Am Tage seiner Diakonatsweihe erinnert er Jupp Vermeegen, der kurz vor seiner Priesterweihe stand, an diese *„herrliche Gymnasiastentagung in Schönstatt, der ich soviel an Gnade und Berufung verdanke..."*

Jupp Vermeegen war nach dieser Gymnasiastentagung in das Noviziat der Pallottiner in Olpe eingetreten. Auch für Karl wird das Jahr 1933 in mehrfacher Hinsicht zu einem Berufungsjahr. Seit Jahren schon ist er begeisterter Jugendführer. Jetzt ist ihm deutlicher aufgegangen, dass er Führer aus apostolischer Berufung sein darf und sein will. Bewusster und zielstrebiger will er Führer sein als Werkzeug Christi und als Begleiter zu Christus. Und noch viel deutlicher als bisher ist ihm klar geworden, dass er das, was er bei anderen erreichen will, selber erst verkörpern soll. Dazu ist treue Selbsterziehungsarbeit nötig. In Schönstatt hat er für diese Selbsterziehungsarbeit viele Anregungen mitgenommen. Er beginnt jetzt damit, sich eine Geistliche Tagesordnung zu geben und regelmäßige schriftliche Kontrolle zu üben. Dazu soll ihm auch sein Tagebuch helfen, das er ab jetzt gerne auch sein (Schönstätter) ‚Buch des Lebens' nennt. Das Partikularexamen, wie er es in Schönstatt kennengelernt hat – besonders als besonderer Beichtvorsatz –, wird ihm jetzt wichtig für seine Selbsterziehungsarbeit. Deutlicher weiß er jetzt für seine Zukunft, dass er sein ganz persönliches Lebensideal entdecken und verwirklichen will, für das er von Gott geschaffen und gerufen ist. Es klingt in vielfältigen Formulierungen auf, so in den Worten: *„Christus – Du bist meine Leidenschaft"*.

In den Tagebucheintragungen der folgenden Monate finden wir den Nachklang aus den Tagen in Schönstatt:

„In der Pfingstnovene, jeden Tag: Zur Messe und Kommunion, Lesung in der Hl. Schrift; Beten mit Kraft um Kraft; für rechtes Wirken in allem (Beruf, Gruppe, Selbsterziehung, Schönstatt); weiter für Schönstatt; weiter im Geiste Gottes und Christi." (17. Juni 1933)

„Wie Parzival will ich sein: Ein strahlender, geläuterter Ritter Gottes, ein Gottsucher. Ich will mich immer tiefer versenken in die Gedankenwelt Schönstatts und meine Notizen aufarbeiten im Buch des Lebens." (27. Juni 1933)

Am 22. Juli 1935 blickt er zurück: *„Ostern 1933, die herrlichen Schönstattexerzitien. Von da ab Wende zum Apostolat der Jugend."* Im Licht dieser Ostertagung ist sich Karl noch deutlicher bewusst geworden, dass eine Zeit der Krise vorausgegangen war. Es waren aber auch die Zeitverhältnisse, die ihn geweckt und aufgerüttelt haben. Die Machtergreifung Hitlers hat aus manchen Träumen aufgeweckt und war eine Herausforderung zu neuer und klarer Entscheidung, insofern auch ein deutlicher Anruf Gottes. Beide Ereignisse sind für Karl ein helles Licht, in dem er freilich auch Schwächen und Grenzen deutlicher erkennt und erleidet, zum Beispiel im Ringen um die rechte Sicht und die rechte Bemeisterung und Integrierung der geschlechtlichen Triebkräfte. Vom 07. bis 11. Dezember 1933 finden wir ihn wieder bei Exerzitien bei den Jesuiten im benachbarten Holländischen s-Heerenberg. Die Vorträge dort dürften ihm in der rechten Sicht und Beurteilung genannter Reifungsvorgänge nicht gerade hilfreich gewesen sein. Insgesamt waren ihm auch diese Exerzitien eine wichtige Hilfe auf dem Weg der Entscheidung für Theologiestudium und Priesterberuf.

„Schutzhaft, Konzentrationslager,
Hu, gruselig, was? Ha, ha – !"

Der ‚Wandervogel' Karl Leisner stürmte unaufhaltsam
hinaus in das flutende Leben. Sein junges Leben erschien
ihm dabei immer deutlicher als eine einzige große Wande-
rung, voll menschlicher Unsicherheit, als ein Weg, der über
Vulkane führt, aus deren unergründlichen Tiefen urplötz-
liche Brände hervorbrechen könnten. Dieses Bild stand
ihm vor Augen, als er zurückblickte auf die Jahre seiner
Reifung. Dieses Bild ist nicht weniger zutreffend für die
politische Entwicklung seines Vaterlandes, die er fast
gleichzeitig miterlitten hat.

Mit wachen Augen verfolgte Karl Leisner die politische
Entwicklung und Zuspitzung in der Weimarer Republik
und hatte dazu seine eigene klare Sicht und Überzeugung.
Mit Sorge beobachtete er den wachsenden Einfluss der Nationalsozialisten auf der Straße und im Parlament. Als der
von ihm geschätzte Reichskanzler Brüning stürzte, bezeichnete er diesen Tag als *„Dies ater Germaniae"* (20. Juli
1932), als einen schwarzen Tag für Deutschland. Es folgte
die Reichtstagswahl, bei der die Nationalsozialisten auf
230 Sitze kamen. Atemberaubend schnell kam es zur
Machtübernahme durch Hitler am 30. Januar 1933. Drei
Monate später eröffnete das Ermächtigungsgesetz den
Weg zu seiner unbefristeten und schrankenlosen Macht-
ausübung. Diese Macht bekam auch Karl Leisner recht
bald sehr persönlich und sehr nahe zu spüren in der Schule und in der Jugendarbeit. Karl hatte seine klare politische
Überzeugung und war entschieden, dafür zu stehen. Tagung und Exerzitien vor Ostern 1933 haben ihn dafür gestärkt. Am 02. Mai schreibt er in sein Tagebuch:

„In der Karwoche war ich in Schönstatt. Ich habe die Tagung der

Gymnasiastenbewegung des Apostolischen Bundes mitgemacht und innerhalb der Tagung zweieinhalb Tage Exerzitien. Ich habe dort so viele schöne und gute Vorsätze und Pläne gefasst. Jetzt heißt es sie in die Tat umsetzen. Jetzt beginnt die ernste Arbeit. Ich bin auf der Oberprima, habe also das letzte Jahr der Penne zu durchlaufen. Es muss also jetzt zum Endspurt gestartet werden. Ja, es wird allerhand zu knacken und zu beißen geben. Mancher verfluchte Nazilehrer wird mir eine Falle stellen wollen, mich hindern wollen, mein Abitur fein zu bauen. Aber ich bleibe meiner Überzeugung treu. Erst in Sturm und Feuer zeigt's sich, ob die Überzeugung stark wie ein Baum und fest wie Stahl und treu wie Gold ist. Ich bleibe meinem politischen Ideale treu...

Aber wie soll ich mich zu Hitler und den Nazis stellen? Soll ich mitlaufen, mitschreien, mitziehen? Nein, das tue ich nicht; es sei denn, dass man mich mit Gewalt oder Staatgesetz dazu zwingt, aber innerlich folge ich ihnen nicht.

Der Drill, die Schnauzerei, die Lieblosigkeit gegen die Gegner, ihre fanatische, tamtamschlagende Nationalitätsbesessenheit kann ich nicht teilen. Ich bin aber trotzdem Deutscher und liebe mein Vaterland und meine Heimat. Aber ich bin auch und an erster Stelle Katholik."

Die ersten Knebelungen ließen nicht lange auf sich warten. Der kollektive Hitlergruß wurde als ‚deutscher Gruß' eingeführt. Bei einer Nachfeier des Geburtstags Hitlers wurde das Horst-Wessellied gesungen. Karl berichtet im Tagebuch: *„...alles die ‚Flossen' hoch. Im Chor nur Jupp, Hermann und ich nicht!' Die Hände hoch! – beim Deutschlandlied finde ich direkt geschmacklos. Als ob denn D. gleich Nazi wäre! Nein!"*

Sein Klassenlehrer Dr. Wilhelm Verleger mit dem Spitznamen Geit (Ziege) hatte eine Rede gehalten. Karl kommentiert sie im Tagebuch als *„‚wundervolle'Hetzrede"* und fügt an: *„Doch wir lassen uns nicht einschüchtern."* Solche Einschüchterungsversuche gehörten bald zum Schulalltag. Am 20. Juni 1933 notiert Karl:

„...Zweite Stunde: Deutsch bei der Geit: Hand hoch! Fast keiner!
Ha, ja! Die alte Geit wird wütend. Sagt: Auf! und lässt uns
strammstehen! Hm – ha, Ja! Gert Siebers macht – wie schon seit
einigen Tagen – witzige Bemerkungen und wird von der Geit
wütend angefaucht: ‚Siebers, wenn Sie jetzt ihre dummen Be-
merkungen nicht lassen, fliegen Sie raus und brauchen sich bei
mir nicht mehr im Unterricht sehen zu lassen‘.“

Karl will sich auf keine Weise ‚gleichschalten‘ lassen, weder äußerlich noch innerlich:

„Ich kann mich nicht rein äußerlich ‚gleichschalten‘, ohne in-
nerlich davon überzeugt zu sein. An Dr. Brüning glaube ich und
glaube ich noch und für immer. An Hitler aber glaube ich nicht,
weil er mir eben nicht glaubhaft erscheint. Ich vertraue nicht auf
seine Worte. Er macht ihrer eben zuviel. Brüning hat nie soviel
geredet, daran aber glaube ich, weil ich wusste, dass er ein grund-
satztreuer, echter Christ und Katholik war. (Von Hitler glaube
ich – letzteres wenigstens- nicht fest.) Alles ist so unklar, so ver-
schwommen! Man weiß nicht, was ist sein Endziel: Vielleicht die
Nationalkirche? – Heute gibt er noch feste Versicherungen in Be-
zug auf kirchliche Organisationen, morgen löst Herr Ley die ka-
tholischen Arbeitervereine auf und übermorgen (?) kommen wir
dran?! So wird es kommen. Aber ich will nicht schwätzen, son-
dern zu Gott beten um Hilfe und Rettung in dem seelischen
Zwiespalt. Aber zwingen lass ich mich nicht, denn ich bin frei!!“

Nur wenige Tage dauerte es noch, bis die Katholischen Ju-
gendorganisationen ‚drankamen‘. Am 02. Juli 1933 wurden ihre Heime und ihr Vermögen beschlagnahmt. Tags
darauf wird Karl mit vier weiteren Mitschülern aus der katholischen Jugend zum Direktor des Gymnasiums zitiert.
Sein Klassenlehrer, den Karl später als *„nur zu fanatisch an-*
tikatholisch, sonst genießbar“ bezeichnete, hätte die fünf am
liebsten von der Schule verwiesen gesehen. Sie mussten jedoch lediglich ein Blatt unterschreiben: „Die unterzeich-

neten Schüler verpflichten sich hiermit, sich jeder ver-
leumderischen oder hetzerischen Äußerung gegen die Re-
gierung und ihr Werk zu enthalten." Am darauffolgenden
Tag erfährt Karl, dass sich der ,Katholische Wandervogel'
aufgelöst habe.

Die Einstellung Karls der Naziregierung gegenüber war
eindeutig, aber durchaus auch differenziert. Karl liebte
sein Vaterland und er blieb auch patriotisch eingestellt, als
die Nazis mit der Vaterlandsliebe vieler Deutscher Miss-
brauch trieben. Er lehnte politische Entscheidungen, die er
für richtig hielt, nicht einfach ab, weil sie von den Nazis getroffen waren. Als das Saarland mit dem Deutschen Reich
wieder vereint wurde, stimmte er aus Überzeugung und
mit Begeisterung zu. Vor allem wusste er auch zwischen
der Ideologie und dem Menschen zu unterscheiden, der sie
vertrat. Für ihn bleiben auch die Feinde nach dem Bild
Gottes geschaffene Menschen, und er war Christ genug,
dass er nicht überhörte, dass wir jeden lieben und jedem
vergeben sollen. So machte er sich zwischen schriftlichen
und mündlichen Abitursprüfungen auf den Weg zu seinem Klassenlehrer Dr. Verleger und sprach sich eine gute
Stunde mit ihm aus. Im Tagebuch hält er als wichtige Er-
kenntnis fest:

*„...man soll nicht so viel nach Gerede und Geflunker einen Men-
schen beurteilen, als nach Tatsachen. Ganz ehrfürchtig und liebevoll und ,optimistisch' sein...Dann jedem Menschen gegenüber persönlicher und viel, viel liebevoller...Ein tieferer anderer
Mensch, ein echter Christ will ich werden. Herr, gib mir deine
Gnade! – Amen!"* (23. Februar 1934).

Sein letztes Tagebuchwort wird einmal heißen: *„Segne
auch, Höchster, meine Feinde!"* Ein Mithäftling von Karl Leisner hat gegen Ende 1944 um die Zeit von Karls Priesterweihe und Primiz unter seinen Mitgefangenen geworben

und Unterschriften gesammelt für ein gemeinsames Beten um die Bekehrung Hitlers und anderer Nazigrößen und um ihr Seelenheil. Dankbar berichtet er, dass da auch Karl mittun wollte.

Ob Karl 1933 schon ahnte, dass er einmal das Opfer weit brutalerer Maßnahmen der Gewalthaber sein wird? Schon konnte man Andeutungen über Schritte zu solchen Maßnahmen hören. Am 09. September 1933 schrieb er an Dr. Vinnenberg: *„Mit der Lage der katholischen Verbände steht's mies, wie uns Kaplan Brey von einer Tagung in Altenberg mitbrachte. Na ja, tot kriegen lassen wir uns nicht; dann machen (wir) eben als ‚Privatklübchen der Harmlosen' weiter! Na ich wäre bald in politische Geleise gefahren und darin darf man sich ja jetzt nicht mehr frei gehen lassen! Schutzhaft, Konzentrationslager, hu, gruselig, was ? Ha, ha – !"*

„Ich schaffte und schuf die Jungschar Kleve-Oberstadt."

Am 29. Oktober 1937 war Karl Leisner nach seiner Rückkehr vom Reichsarbeitsdienst zum erstenmal wieder im Elternhaus aufgewacht. *„Wieder daheim bei der Mutter!"*, notierte er. Um 6.30 Uhr besuchte er die heilige Messe in Christkönig. Ins Elternhaus zurückgekehrt, empfingen ihn zwei Beamte der Geheimen Staatspolizei. Drei Stunden dauerte der Besuch und das Verhör. Die beiden Herren zogen ab mit den Tagebüchern Karls und seines Bruders Willi. Karl war tieftraurig. Er hatte sich klug gewehrt. Darüber ist im Tagebuch zu lesen: *„Dass ich erst seit 1933 Juni im Verband bin, und weder ich noch Willi zur Zeit führend noch Mitglied sind in der Diözese Münster interessierte die Herren gar nicht."* (Tgb. 03. November 1937). Damit hatte Karl auf den Punkt gebracht, warum er im Visier der Gestapo war: das war sein Apostolat in der Jungschar. Als Karl am 04. Juli 1933 die Nachricht von der Auflösung des ‚Katholischen Wandervogels' erhalten hatte, setzte er sich unverzüglich mit Kaplan Heinrich Brey in Verbindung, dem Bezirkspräses der Jungschar, und schloss sich mit seiner Gruppe dem Katholischen Jungmänner-Verband an. Nur wenige Tage später besuchte sie bereits ein Referent aus der Zentrale im Jugendhaus Düsseldorf und hielt die ersten Jungscharabende. Karl informierte darüber auch Dr. Vinnenberg, mit dessen Einverständnis er rechnete. Dass Kaplan Brey Verbindung mit Schönstatt hatte, sah Karl als eine gute Fügung an. Die Tagung in Schönstatt sollte jetzt ihre Frucht tragen in neuem apostolischem Eifer für die Jugend. 1938 schreibt Karl aus der Rückerinnerung: *„Die Arbeit in der Gruppe, die mich immer wieder hochgerissen hatte in den Kämpfen um die Reife, wurde jetzt bald zur großen Arbeit in der Jungschar mit Kaplan Brey zusammen, die Fäden zwischen uns knüpfte wiederum die Mta. (Mta , Mater ter admi-*

rabilis, Dreimal Wunderbare Mutter, Titel, unter dem im Schönstattheiligtum die Gottesmutter verehrt wird). – *Ich schaffte und schuf die Jungschar Kleve-Oberstadt mit einem inneren Schwung und Erfolg sondergleichen. Das Studium wurde so nebenbei geschmissen. Apostolische Kraft sprang auf, eine Aktionskraft und – vielleicht, ja sicher war vieles jugendlicher Betätigungsdrang. Aber das war das Entscheidende daran: Es führte mich zum eucharistischen Heiland...*"

Gerne hätte Karl mit seinen Jungen wieder eine Auslandsfahrt gemacht nach Belgien und Luxemburg. Wegen der politischen Verhältnisse folgten sie einem Rat von Dr. Vinnenberg und waren mit ihm vom 05.- bis 19. August 1933 auf der ostfriesischen Insel Baltrum unterwegs. Es folgte ein Jungscharzeltlager in Marienthal.

Die Jungschärler fanden ihr neues Nest für die Gruppenstunden im Pfarrheim an der ‚Stiftskirche'. Es zog sie aber auch weiter noch in die Mühle, die im Privatbesitz der Gebrüder van de Sandt war. Karls Bruder Willi erinnert sich: „Dort durften wir uns ‚rein religiös' auch nach dem Verbot weiter betätigen."

Sobald das Abitur geschafft war, vervielfältigte Karl seine Tätigkeit. Pater Heinrich Horstmann SJ, der Reichskaplan der Jungschar, ernannte Karl am 18. März 1934 zum Bezirksführer der Jungschar für den Landkreis Kleve: „Also, Karl, du machst die Sache im Bezirk!". Mit Schwung packte er an und nützte die Zeit vor dem Studienbeginn:

„Heute hier – morgen da! Wie ein ‚rasendes Ungeheur' flitzte ich durch den ganzen Kreis. Eine Scharstunde nach der anderen. Heute bei den Präsides in Goch...Morgen Führerbesprechung in Pfalzdorf, in Kranenburg. – Alles klappt! Feine Führer, frische Jungens, Begeisterung! Höhepunkte. Brennende Herzen für Christus, unseren und meinen Führer, strahlende Jungenaugen,

glänzende Bubengesichter! Das werden einmal Heilige! – ...Wir halten die Treue...' Es macht viel Arbeit, aber noch mehr Freude!' Man wächst, trotzdem man sich immer mehr ausgibt. Christus in der heiligen Eucharistie gib Glut, Kraft, Sieg! Alles kann man, was man will, das ist wahr!" (01. Mai 1934)

Auch nach Studienbeginn in Münster führte er die Arbeit weiter. An Pfingsten gab es eine Radtour mit 14 Jungen über Raesfeld mit der Bundesburg des ND (Bundes Neudeutschland) zum Kloster Gerleve und zurück nach Kleve. Am Dreifaltigkeitssonntag leitete Karl als Bezirksführer die Neuaufnahme in den Katholischen Jungmännerverband:

„...Unser Präses spricht zu uns von der großen Sendung des Jugendreichs- wir treten unter die Banner Christi und stehen unter dem besonderen Beistand der Mutter Gottes. Ein Jugendreich der Freude – eine Lebensschule junger Christen. – Eine jungkatholische Aktion wollen wir sein. Nicht so viele zwar wie in den früheren Jahren nehmen wir auf in unsere Reihen, aber die jetzt zu uns kommen, das sind ganze Kerle (hoffentlich! Den Willen, welche zu sein, haben sie jedenfalls)..." (27. Mai 1934).

Unterdessen hörte man von weiteren Gewaltaktionen der Nazis: Der Berliner katholische Laienführer Erich Klausener wurde umgebracht, der Reichsleiter der DJK (katholische Sportvereinigung Deutsche Jungendkraft) Adalbert Propst erschossen. Zu gleicher Zeit liefen Konkordatsverhandlungen mit dem Vatikan. Karl schreibt am 06. Juli 1934: *„Nachher erzählte man: E. Klauseners Leiche sei ohne Einverständnis der Familie eingeäschert worden! Furchtbares Verbrechen! Wenn das wahr ist, dann sind wir weit genug im Schlamassel! Armes, getretenes deutsches Vaterland! Herr, erbarme dich unseres Volkes!"* Bei einem Bezirkstreffen in Uedem ließ sich Karl berichten, wie sehr die Jugendlichen in ihren Schulen dem Druck der Nazis ausgesetzt waren.

Gegen die Bedenken des Präses plante Karl mit den Klever Jungscharführern ein Sommerzeltlager im benachbarten holländischen Groesbeek. Es gelang, einen Sammelpass zu bekommen. Für 45 Jungen wurde das Lager im August 1934 zu einem großartigen Erlebnis. Bei einem ähnlichen Unternehmen im August des folgenden Jahres unter Führung von Heinrich Tenhumberg und Wilhelm Wissing aus dem Bezirk von Vreden wurden die 3o Jugendlichen an der Grenze ihrer Ausrüstungsgegenstände beraubt und wieder nach Hause geschickt.

„Ich dachte bei mir, schön ist's, Priester zu werden..."

Die Frage nach Karls künftigem Beruf scheint in der Familie Leisner kein besonderes Gesprächsthema gewesen zu sein. Als er auf der Obersekunda war – so erinnert sich Karl später –, habe ihn der Vater einmal gefragt, ob er *„nicht jetzt lieber mit Primareife abgehen und Beamter werden möchte"*. Er sagte nein und entschied sich für das Abitur. In seinem Herzen schlummerte jedoch eine Neigung, die er aber nicht so recht hat laut werden lassen. Während des Zeltlagers in den Bockholter Bergen bei Münster hat er sich eines Morgens still auf den Weg gemacht. In Münster wollte er einmal eine Priesterweihe miterleben. Sie erschien ihm als *„eine herrliche Gnadenstunde"*. Im Tagebuch hält er am 07. August 1933 fest, was ihm bei der Feier in den Sinn gekommen war: *„Ich dachte bei mir, schön ist's, Priester zu werden, aber schwer, fast zu schwer, und nur wen Gottes große Gnade dazu beruft, der soll es werden..."*

Von den Exerzitien im Bonifatiushaus bei den Jesuiten in s-Heerenberg vom 07.-11. Dezember 1933 erhoffte er sich weiteres Licht in seinem Suchen. Seine Überlegungen und Entschlüsse teilte er am 27. Dezember 1933 Dr. Vinnenberg mit. Aus seinen Zeilen wird deutlich, wovon er seine endgültige Entscheidung mit abhängig sah:

„In den Exerzitien habe ich mich ziemlich fest entschlossen, Theologie zu studieren, nachdem meine Hauptschwierigkeit – das sechste Gebot – fast ganz überwunden ist. Ich bin mir nur noch nicht ganz darüber im Klaren, ob ich zunächst ein Jahr FAD (Freiwilligen Arbeitsdienst) *mitmachen soll oder sofort nach Münster kommen soll – na, das hängt ja wesentlich von der Zulassung ab. Der Dechant will es versuchen mit ,sofort', mir wäre es am liebsten, wenn ich der Zulassung für nächste Ostern*

(35) ganz sicher wäre, und ich zunächst ein Jahr FAD erledigen könnte. Was meinst Du dazu?"

Aus dem Brief ist zu entnehmen, dass Karl Leisner zu der Zeit bereits konkrete Schritte unternommen hatte, um sich über die Zulassung zum Theologiestudium in Münster und seine Aufnahme ins Collegium Borromäum zu informieren und zu bemühen. Dabei hatte er sich an seinen Heimatpfarrer, den Dechanten Jakob Küppers gewandt. Seine Entscheidung findet sich auch schon in seinem Lebenslauf, den er am 01. Dezember 1933 für das Abitur geschrieben hat. Darin heißt es: *„Nach dem Abgang vom Gymnasium möchte ich – so Gott will – katholische Theologie studieren. Wenn eben möglich aber möchte ich vorab das Werkhalbjahr im FAD mitmachen, um dort im Verein mit der schaffenden Jugend für mein Volk zu arbeiten und mich zugleich für den schweren Beruf zu prüfen und zu festigen..."*

Karl wusste, dass der Arbeitsdienst früher oder später auf ihn zukommen würde. Er wollte ihn möglichst bald hinter sich haben. Er musste aber auch damit rechnen, dass er wegen der hohen Bewerberzahl zum Studium in Münster gar nicht gleich zugelassen werden könnte. In der Tat erhielt er Anfang April 1934 ein Schreiben vom Bischöflichen Generalvikariat mit Datum vom 07. April 1934:

„Ihrem Gesuch, Sie als Studierenden der Theologie unserer Diözese anzunehmen, können wir zu unserm Bedauern für dieses Jahr noch nicht entsprechen, da die Zahl der Anmeldungen, wie in den letzten Jahren, so auch dieses Mal wieder viel zu groß war. Daher haben wir die jüngeren Bewerber, zu denen Sie auch gehören, für ein Jahr zurückstellen müssen. Wir hoffen aber, Sie nächsten Ostern als Theologen annehmen zu können; Sie würden dann naturgemäß nur in den untersten Kursus eintreten können..."

Mit der Jungschar unterwegs (September 1933)

Karl zog aus diesem Bescheid die Konsequenz, über die er am 11. April 1934 Dr. Vinnenberg informierte: *„Lieber Walter! Möchte Dir gleich zu Beginn mitteilen, dass ich mich zum FAD gemeldet habe und angenommen bin und zwar nach Münster!..."*

Der Studienbeginn war aber noch durch eine andere Schwierigkeit in Frage gestellt. Karl hatte sein Abitur mit ‚gut' bestanden. Damit allein war der Studienbeginn noch nicht gesichert. Die neuen Machthaber verlangten eine besondere Bescheinigung der Hochschulreife, mit der man nicht rechnen konnte, wenn man gesinnungsmäßig nicht als zuverlässig galt. Karl musste bis zum vierten Juli warten, bis er Bescheid bekam, dass er die Hochschulreife erhalten habe. Karl vermutete hinter der langen Verzögerung die Einflussnahme seines früheren Klassenlehrers. In Verhandlungen mit den Behörden konnte der Bischof durchsetzen, dass das Theologiestudium auch ohne die Bescheinigung der Hochschulreife begonnen werden konnte.

Trotz aller dieser Hindernisse öffnete sich für Karl dann doch im letzten Moment noch die Tür für den Studienbeginn in Münster. Am 29. April 1934 schrieb der bisherige Direktor des Borromäum Dr. Robert Melcher einen Brief an die zurückgestellten Bewerber, der für Karl ähnlich gelautet haben dürfte wie das Schreiben, das an Heinrich Tenhumberg ging:

„Eilt sehr! Im Auftrage des Bischöflichen Generalvikariates teile ich Ihnen folgendes mit. Die Bewerber, die wegen ihres jugendlichen Alters um ein Jahr zurückgestellt sind, können doch jetzt schon ihr Studium beginnen, <u>falls sie die Hochschulreife bekommen haben.</u> Da letzteres bei Ihnen zutrifft (so im Schreiben an Tenhumberg), steht Ihrem Eintritt nichts im Wege. Sie müssten dann Samstag, den 5. Mai bis nachmittags 6 Uhr sich im Borromäum einfinden..."

Der Brief von Melcher erreichte Karl am 30. April. Sofort erkundigt er sich beim Arbeitsamt, ob die Anmeldung und Verpflichtung für den FAD rückgängig gemacht werden kann. Dieses wird bejaht. Man spürt sein Aufatmen im Tagebucheintrag vom 01. Mai 1934:

„…Brief nach Münster: ‚Komme am 7. Mai'. – Also – es ist Gottes heiliger Wille, dass ich dieses Jahr schon das Studium der Gottesgelehrtheit beginne! Drum auf, mit heiligem Mut, stolzer Kraft, tiefer Demut, ganzer glänzender Reinheit, festem Glauben, starker Hoffnung und glühender Liebe ans hohe, heilige Werk. Fleißig, sparsam, tüchtig, strebsam ran an die Arbeit! Gott hilft gern! Ihm gilt meine Zukunft, mein Leben, mein Beruf! Herr, Gott, du mein König…du lenkst in wunderbarer Weisheit und Güte die Geschicke aller Menschen.
So hast du mich armen, schwachen, sündigen Menschen durch eine Zeit der Versuchung und der Schwachheit hindurch geführt, um mich zum heiligen und höchsten Amt – zum Priestertum zu berufen…O gib doch, du gütiger Vater, dass ich die Vorbereitungszeit auf diesen hehren Beruf, – dich zu vertreten-, aus deinen unerschöpflichen Lebensquellen in Klarheit und Demut gestalte!
Christus – Du bist meine Leidenschaft! Heil!"

Am Samstag, den 05. Mai macht sich Karl Leisner auf den Weg nach Münster, voll Erwartung und Unternehmungsgeist. Am Bahnhof erwartet ihn sein ehemaliger Religionslehrer und ‚Gruppenführer' und geleitet ihn zum Collegium Borromäum. Am Abend richtet der neue Direktor des Collegiums Franz Schmäing ein erstes geistliches Wort an die Neuankömmlinge. Er zitiert den Hl. Paulus aus dem Philipperbrief: „Ich vergesse, was hinter mir liegt und strecke mich aus auf das, was vor mir liegt."

Den Sonntag verbringt Karl mit Dr. Vinnenberg. Er hatte den Tag im Dom begonnen mit der Messfeier und beschließt ihn am Abend in der Andacht im Dom. Am Sonntag Abend begrüßt der Bischof Clemens August Graf von Galen die Neuankömmlinge. AmMontag beginnt der Vorlesungsalltag. Karl muss sich daran gewöhnen. Zunächst sind die Studenten Hörende, Hörer. Seinen Kurskollegen Tonius Wissing stört es, dass sie sich nicht mehr wie bisher im Schulunterricht gewohnt zu Wort melden konnten. Professoren und Fächer sprechen Karl unterschiedlich an. Kirchengeschichte interessiert ihn überaus. Die Gedankenführung in der Apologetik ist weit weg von seinen existenziellen Fragen. Beim Philosophen Peter Wust beeindruckt ihn die philosophische Gedankentiefe wie das persönliche Glaubenszeugnis. Er wird einer seiner Lieblingsprofessoren. Karl weiß in den Studienjahren wie bisher vor allem das Positive zu sehen und aufzunehmen. Das gilt für die Vorlesungen. Das gilt für die Literatur, die sich ihm erschließt und die er begierig ausschöpft. Das gilt für die spirituellen Angebote im Collegium Borromäum. Er ist offen für die gütige und zugleich feste Wegführung durch den Direktor. Er ist stolz auf seinen Bischof, der in manchen Aktionen und Aufmärschen den Hass der Nazis zu spüren bekommt und der so aufrecht sein Hirtenamt ausübt. Er schätzt den Spiritual Pater Bernardin, einen Kapuziner, und schenkt ihm Vertrauen. Wie bisher empfängt er regelmäßig das Bußsakrament. Die Jahresexerzitien, zu denen bekannte Exerzitienmeister eingeladen werden, sind ihm wichtig für ein organisches Wachsen in seiner Berufung. Die Einflussnahmen der Nazis halten ihn wach für die ernste Situation in seinem Vaterland. Er erlebt, wie die Nazis Einfluss bekommen wollen auf die Leitung der Fachschaft. Die Theologiestudenten müssen gleich in den ersten Semestern mehrere Märsche mit und ohne Gepäck mitmachen unter Führung von SA Leuten (SA, Sturmabteilung, paramilitärische Naziorganisation), die sich vor ihnen als die ‚wahren Deutschen' aufspielen. Die Stadt mit ihrer bewegten Geschichte und den Zentren geistigen

Schaffens schenkte ihm Zugang zu vielen Reichtümern der Kultur, ließ ihn aber auch das Absinken mancher Zeitgenossen ins Un- und Untermenschliche spüren.

In seiner freien Zeit ist Karl weiter unterwegs zu seinen Jugendlichen. Sein Bruder Willi wird am 22. April 1934 sein Nachfolger als Bezirksjungscharführer. Damit zieht Karl sich aber nicht aus der Jugendarbeit zurück. Am Ende des Sommersemesters 1934 ist er nicht dabei, als sein Studienkurs sich zu einer Fotoaufnahme versammelt. Karl ist bei einem Wochenende für Jungscharführer in Uedem / Niederrhein. Am 17. September 1934 wird er Diözesanjungscharführer. Er wächst bei all dem aber auch hinein in die Verbundenheit mit den gut 70 Mitstudenten seiner Kursusgemeinschaft und ist von den Studienkollegen gern angenommen und bringt sich mit seiner frohen Art gut ein. Am 05./06. Februar 1936 beteiligt er sich an einem ‚Lager der katholisch-theologischen Fachschaft in Münster' auf Schloss Heeßen bei Hamm. Fotos zeigen ihn auf einer ‚Galaaufnahme' der Teilnehmer vor dem Schloss in Knickerbockerhosen und beim sog.'Budenzauber' im Schlafsaal auf einem der Stockbetten mit übermütigem Gesicht. Die Beheimatung in seiner Schönstattgruppe wird ihm zu einer wichtigen Hilfe, sich in den vielfältigen Aktivitäten nicht zu verlieren.

Christus,
du bist meine Leidenschaft

„Auf, du sollst mir meine Jugend führen, die jüngste Kirche in unserer Diözese..."

Im Spätsommer 1934 war Karl Leisner zuinnerst aufgewühlt, als eine neue Herausforderung auf ihn zukam, verlockend und bedrängend zugleich. Er war ausersehen, Diözesan-Jungscharführer zu werden. Sein Bischof Clemens August Graf von Galen, zu dem er in Bewunderung und jugendlicher Begeisterung aufschaute, hatte ihn dafür ausersehen und ernannte ihn am 17. September 1934. Karl war nach dem Sommerlager in Groesbeek ins Saarland gefahren. Dort sann er nach über diese neue Aufgabe. Eine große Sendung wird auf seine schwachen Schultern geladen in einer Zeit, in der sich überzeugte Christen als eine kleine Herde und Minderheit gegenüber einer allmächtigen Staatsgewalt erlebten. In Schönstatt kündete Pater Kentenich schon lange, dass wir Christen auf eine solche Situation nicht mit Minderwertigkeitskomplexen, sondern mit einem frohen Sendungsbewusstsein, ja einer Sendungsergriffenheit reagieren sollen. Und zu einem solchen christlichen Sendungsbewusstsein gehöre ein Dreifaches: ein Demutsbewusstsein, ein Erwählungsbewusstsein und ein Aufgabenbewusstsein. Alle drei Elemente finden sich in einer Niederschrift, die Frucht des Gebetes und der Überlegungen Karls im Saarland waren. (12. September 1934). Da ist zuerst Armseligkeits- und Demutsbewusstsein. Er brauchte es sich nicht einzureden. Er erlitt es täglich in einem Ringen, in dem *„sich der schwache, feige, weiche, sinnliche, schlampige Mensch und der verantwortungsfrohe, christusverbundene, zuchtvolle, reine, bescheidene echte Kerl"* gegenüberstanden. Doch dieser schwache Mensch weiß sich vom Herrn gerufen und erwählt durch seinen Bischof und vertraut auf Gottes Gnade: *„Auf, du sollst mir meine Jugend führen, die jüngste Kirche in unserer Diözese..."* Er will Ja sagen und Werkzeug sein: *„Herr, ich hab gerungen* mit dem schwachen, selbstsüchtigen, feigen, sinnlichen Menschen in mir. Mit dieser Gnadenkraft, die du mir Schwachem im Brot der Starken, durch dein heiliges Fleisch und Blut, geschenkt hast, will ich das schwere Jungführeramt aus deiner Hand entgegennehmen...Ohne dich kann ich nichts, mit dir alles! Ich verspreche dir...feierlich: Herr, allmächtiger Gott: Dein Werkzeug zu sein in Vollkommenheit will ich ständig mich verzehren. Alle Lebenskraft gehört dir von heute ab...". Er weiß auch, wozu er erwählt ist: „Deutsche Jungens soll ich führen! Deshalb weg mit allem Missmut, hin zum Vaterland! Das Leben zu opfern muss ich bereit sein! Katholische Jugend hinführen zu deutschem Volk, ist meine Aufgabe! Deutsches Volk zu bauen durch heilige katholische deutsche Jungen! In heißer Liebe hänge ich an deutschem Volk, will ich zu deutschem Volk...Deutsches Volk soll wieder christliches, katholisches Volk werden..." Helfer und Vorbild sollen ihm der heilige Michael und der heilige Georg sein, „und die heilige Muttergottes sei mir eine mächtige Fürsprecherin und gebrauche mich als ihr und ihres Sohnes Werkzeug zu heiliger Sendung in deutsches Volk!... Auf zu katholischer deutscher Tat! Mit dir, Herr und Gott! Denn ohne dich hat nichts Kraft und Bestand!" – Karl sprach nicht nur von der Tat, er packte an, sofort.

Nun wird er unablässig unterwegs sein für die ca. 13000 Jungen, die ihm anvertraut sind, in die Bezirke Oldenburg, Ruhrgebiet und Niederrhein, zu Wochenenden und Diözesantreffen der Jungscharführer, zu Führerkursen in der Diözese und im Jugendhaus mit dem von ihm überaus geschätzten „General", Prälat Wolker. Das wird seine freie Zeit fast ganz ausfüllen. Dabei verzichtet er nicht auf die ihm so wichtigen Fahrten. Mit seinem Bruder Willi trampt er bis Bremerhaven. Im August 1935 bricht er mit Jugendlichen zu einer dreiwöchigen Fahrt nach Belgien auf. Wie ernst er die Aufgabe nahm, zeigt zum Beispiel sein Tagebuchbericht über Vorbereitung und Durchführung eines Jungscharführerkursus für den Gau Oldenburg in Vechta vom 07.-09. Dezember 1934. Er freute sich auf die Tagung und war zugleich im Stillen besorgt, ob es klappen wird. *„Nun ging ich also mit Gottes Gnade und Gebet an die Arbeit. Gebetet hab' ich sehr oft und drängend um gutes, fruchtbringendes Gelingen der Tagung – und es hat geholfen. Gott führte zunächst 30 Jungens hin und gab mir dann an seines Geistes Fülle Anteil, d.h. verlieh mir Kraft zu guter Vorbereitung und lebendige Art und Sprache auf der Tagung..."* Die Fahrt nach Vechta, auf der Natur und Städte seine Aufmerksamkeit fesseln, weckt Erinnerungen an frühere Fahrten. In Vechta *„geht's zum Antonius-Konvikt..., wo ich – trotz Widerstrebens aus kameradschaftlichen Gründen, ein ganz neu und modern eingerichtetes Fremdenzimmer zugewiesen erhalte (‚Bonzenart'!) – Feine Sache zum Sich-Vorbereiten! Gegen 7 Uhr Abendschmaus. – Vorher Präfekt Bernhard Janzen, der in Münster schon bei uns Schönstättern war, begrüßt..."* Dann beginnt das Programm mit Begrüßen, Erzählen, Singen, Abendgebet. Am nächsten Tag Messfeier und dann die Abfolge von Vorträgen, Singen, Spiel, Nikolausfeier mit Kasperle, Gesprächsrunden, Adventsandacht u.a. In den Vorträgen ging es um das Bild des christlichen Jungen, Selbstverständnis, Selbsterziehung, Sendung, um Jungschararbeit und um Jungscharführerart.

Auf dem Heimweg lässt er sich vom Bahnschaffner das Zugsystem erklären. Dann geht es zuerst zum Diözesanpräses zu einem Bericht und dann muss er im Borromäum seine Begeisterung noch bis in den Abend hinein mit seinen Freunden teilen.

Als das Jahr 1935 zu Ende ging, blickte er auf seine Erfahrung mit der Jugendarbeit in diesem Jahre zurück und schrieb: *„Es war das Jahr, das ich der jüngsten Kirche, unserer Jungschar, besonders durch Schulung der Jungscharführer schenken durfte. Sicher war ich nicht in allem Vorbild und hab's (nicht) immer recht gemacht, aber versucht hab ich's mit viel*

Schwung und Liebe. Es hat mich herumgewirbelt durch die ganze Diözese, zu viel(en) Jungen und jungen Führern hat's mich gebracht. Christus hatt' es mir befohlen durch seine Stellvertreter und ich bin ihm gefolgt. Er sollte mir Kraft und Ziel sein...Herr, segne unsre Kirche und ihre Hirten auf der ganzen Erde Rund, segne und erleuchte mit deiner ganz besonderen Kraft unsre deutschen Oberhirten und alle deutschen Priester."

Als das Wintersemester 1935/ 1936 zu Ende ging, forderte das Studium wieder stärker seinen Tribut. Karl musste an die Beendigung seiner Aufgabe als Diözesanjungscharführer denken. Im Herbst 1936 sollte der jüngere Wilhelm Wissing sein Nachfolger werden.

Im Lager Groesbeek / Niederlande (1934)

„Wir Schönstätter helfen alle mitbeten."

Karl Leisners Schulkamerad Jupp Vermeegen war zum 01. Mai 1933 in Olpe in das Noviziat der Pallottiner eingetreten. Dort konnte ihn Karl, im Laufe des gleichen Jahres, noch vor seinem Abitur einmal besuchen. Es war die letzte Begegnung Karls mit dem ehemaligen Schulkameraden in diesem Leben. In ihrem Gespräch wusste Vermeegen zu berichten, dass im Frühjahr 1934 einige Schönstätter nach Münster kommen und mit dem Theologiestudium beginnen werden. Er nannte ihm Enneking, Mente und Tonius Wissing. Mit diesen möge er doch Fühlung aufnehmen zur Gründung einer Schönstattgruppe. Am 28. Februar 1977 erinnert sich Heinrich Tenhumberg: „Als ich Ostern 1934 ins Collegium Borromäum kam, sagte mir Karl Leisner bereits bei einer unserer ersten Begegnungen, dass er mit Schönstatt in Verbindung stehe und gern in einer Gruppe mitarbeiten würde. Er ist seitdem auch eines der treuesten Gruppenmitglieder gewesen."

Aus dem Tagebuch von Tonius Wissing erfahren wir, dass die Gruppenbildung in einem spannungsreichen Prozess zustande kam. Von den 12 Studenten, die mitmachen wollten, hatten einige schon – zum Teil längere – Erfahrung in der Gymnasiastenbewegung. Andere waren erst im Verlauf der vorausgegangenen Monate mit Schönstatt in Kontakt gekommen. Die einen kamen von Oldenburg, die anderen zum größeren Teil vom Niederrhein. Die einen wollten kleinere Gruppen bilden, etwa für die vom Niederrhein und von Oldenburg, andere wie Tonius Wissing wollten die gemeinsame Arbeit in den Vordergrund stellen, was bald auch geschah. Sehr bald auch wurde Heini Tenhumberg der von allen anerkannte Gruppenführer. Die ehemaligen Schönstatt-Gymnasiasten waren erfüllt von der „Gralsidee", die im vorausgegangenen Jahr unter ihnen Leben geweckt hat und aufgebrochen war. Von ihrer ‚Gralsburg' aus, dem Schönstattheiligtum, wollten sie durch ernste Selbstheiligung und durch ihr Apostolat das Münsterland für Christus und Maria gewinnen.

Dieser Zielsetzung entsprach auch eine Strömung, die 1934 unter den Schönstattpriestern im Münsterland und in der deutschen Schönstattbewegung lebendig wurde. Pater Kentenich hatte zu einem ‚marianischen Volksjahr' aufgerufen. Das katholische Volk sollte um die Gottesmutter versammelt werden – in gewissem Sinn eine Gegenbewegung gegen das Bemühen Hitlers, das Volk um sich zu sammeln. Ende Dezember 1933 kam der Bischof Clemens August Graf von Galen zum Gautag der Schönstattpriester in Telgte, feierte mit den 51 Teilnehmern die heilige Messe und hielt die Ansprache. Einer der Beschlüsse dort war, „das Schönstätter Marianische Volksjahr" zu verwirklichen. Die Schönstattpriester selbst wollten als Missionare tätig werden. Gebietsweise sollten Triduen veranstaltet werden, vor allem für die Männer. Es wurde ein Themenplan ausgearbeitet und ein Schulungsplan für die Missionare erarbeitet und verwirklicht. Ende Februar waren dafür 16 Schönstattpriester in Kevelaer zusammengekommen. Ein erstes Triduum fand statt in Burgsteinfurt und Umgebung. Sechs Schönstattpriester und zwei Pallottiner predigten vom 09. bis 13. Mai 1934 in den dafür interessierten Gemeinden. Rektor Klein Arkenau predigte zum Beispiel in der großen Kirche in Ochtrup. Höhepunkt war eine Abschlusswallfahrt aus allen Gemeinden nach Eggerode. Am 30. Mai 1934 berichtete Klein Arkenau dem Bischof über den Verlauf des Triduums. Ähnlich verliefen weitere Triduen in der Diözese Münster und auch in anderen Diözesen Deutschlands. In manchen Gemeinden wurden zur Erinnerung Mta-Bilder angebracht, so zum Beispiel in der Heimat von Tonius Wissing, in Leer. Auch die Schönstätter der Bischofsstadt bereiteten einen Platz vor für die Mta und durften am 08. Dezember 1934 in der Magdalenenkirche eine ‚Mta(Seiten)-Kapelle' einweihen. Karl Leisner war angetan von dieser Strömung. Am 17. Juni 1934 notiert er im Tagebuch: „...*Jetzt marianisches Volksjahr!...Das ist modern und gibt dem Volk katholisches Gefühl*".

In der Schönstattgruppe wurde ernste Arbeit geleistet. Man begann, sich die reiche Ideenwelt Schönstatts zu erarbeiten, zum Beispiel die Idee ‚eines neuen Menschen und einer neuen Gemeinschaft' zur Überwindung anthropologischer Irrtümer der Gegenwart. Während der ersten vier Semester bekam die Gruppe Besuch von P. Kastner oder von Schönstattpriestern (zum Beispiel von Rudolf Klein Arkenau oder Joseph Schmitz) zu Vorträgen und Schulungen. Oder sie kamen zu Theologentagungen zusammen in Epe, wo sich seit vielen Jahren schon Schönstätter aus der Diözese Münster trafen. Die Gruppe wollte Erziehungsgemeinschaft sein und erarbeitete sich die Erziehungslehre und Selbsterziehungspraxis Schönstatts. Sie war Gebetsgemeinschaft, was Karl auch sehr ernst nahm. Als einer aus der Gruppe zur schwer erkrankten Mutter heimgerufen worden war, schrieb er: „*Wir Schönstätter helfen alle mitbeten.*" Die Gruppe hat sich bis über den Tod von Karl hinaus als Gebets- und Opfergemeinschaft bewährt. Besonders verstand und bewährte sich die Gruppe auch als eine Gemeinschaft im Bündnis mit der Mta von Schönstatt. Enneking berichtet davon, wie öfters die Mittagspause genützt wurde zu einem Gang durch Münster und zum Gebet vor dem Mta-Bild in der Magdalenenkirche. Er schreibt: „Karl, der sehr musikalisch war, setzte sich ans Harmonium und spielte munter drauf los. Unser Gesang stimmte nicht immer mit der Melodie des Harmoniums überein, Karl nahm es geduldig hin." Am 02. Februar 1936 notiert Karl im Tagebuch: „*17.45 Uhr in St. Magdalena Schönstattfamilie. Harmonium gespielt.*" Karl machte gern auch allein einen Besuch bei der Mta in der Magdalenenkirche, besonders ehe er von Münster aus in Ferien ging oder von seinen Ferien wieder zurückkam.

Auch Apostolatsgemeinschaft war die Gruppe. Sie luden sich gegenseitig ein in die Jugendgruppen ihrer Heimatgemeinden. Karl durfte in seiner Aufgabe als Diözesanjungscharführer mit der Hilfe aus seiner Gruppe rechnen. Heinrich Enneking berichtet, wie er sich Karl mit seinem Motorrad zu einer Besuchsfahrt der Jugend ins Oldenburger Land zur Verfügung stellte: „Wir besuchten die Jugend in Delmenhorst, Oldenburg-Osterburg, Wilhelmshaven und Dinklage. In Delmenhorst und Wilhelmshaven waren viele Jugendliche anwesend, die Karl für die Arbeit in der Jungschar begeisterte. Nach einer Übernachtung in Wilhelmshaven fuhren wir nach Dinklage. Leider waren die Jugendlichen zu einem falschen Termin eingeladen und so waren keine Jungen gekommen. Es traf sich aber, dass die Kolpingsfamilie an diesem Abend im Pfarrheim tagte. Der Leiter der Gruppe bat Karl, er möge doch zu ihnen sprechen. Ohne jegliches Zögern trat Karl ans Rednerpult und hielt einen Vortrag. (Ich hätte es nie gewagt). Er zog mit seiner Ansprache alle Anwesenden so in seinen Bann, dass man die gewisse ‚Stecknadel‘ hätte fallen hören können."

Dann finden wir Karl bei den Ferientreffen seiner Gruppe, die besonders auch der Erholung und der Gemeinschaft galten. Noch einmal soll Heinrich Enneking das Wort haben: „Am besten habe ich Karl in Erinnerung von Tagungen in den Sommerferien. Wir trafen uns als Theologiestudenten – plus/minus 25 an der Zahl – in meinem Heimatort Oldorf. Dort bewohnten wir ein leerstehendes Bauernhaus, das sich neben meinem Elternhaus befand. Meine Mutter versorgte uns. Eine Abordnung von uns musste jeweils meiner Mutter bei der Vorbereitung des Essens helfen...Diese Tagungen fanden zwei- bis dreimal in Oldorf statt...Körperliche Arbeit, geistige Arbeit und Freude hielten sich die Waage. So halfen wir bei der Ernte oder veranstalteten eine Segeltour auf dem Dümmer. Karl machte jeden Spaß mit..."

Eine solche Ferienwerkwoche hat auch einmal in Neumarhorst stattgefunden im Elternhaus eines Priesterkandidaten aus der Diözese Osnabrück, der in Münster studierte und mit Karls Gruppe verbunden war.

So wuchs während der ersten zwei Studienjahre in der Gruppe eine brüderliche Verbundenheit, die auch während der Auswärtssemester und des Arbeitsdienstes lebendig blieb. Im Priesterseminar in Münster begann die Gruppe eine Art Noviziat für den Schönstatt-Priesterbund. Ziel war eine Gemeinschaft als Diözesanpriester, die für das ganze Leben halten und vom Geist der evangelischen Räte beseelt sein sollte. Kaplan Burdewick aus der Diözese Münster, der damals hauptamtlich in Schönstatt tätig war, wurde der geistliche Begleiter dieser werdenden Lebensgruppe des Bundes (auch ‚Kurs' genannt).

oben: Schönstatt-Tagung in Epe; Karl 2. Reihe v. u. r.
unten: Ferientreffen der Schönstätter bei Enneking`s in
Oldorf; Karl 5. v. r.

„...lockende Aussicht auf Rom und das freie Jahr..."

Mit dem vierten Semester in Münster geht im Frühjahr 1936 für Karl das zweite Studienjahr zu Ende. Er ist nicht ganz zufrieden und schreibt von einer Schlappe, womit er wohl Abschlussprüfungen meint. Studium und drei Semester (2-4) lang Diözesanjungscharführer: *„Zu viel des Guten fast"*, schreibt er später. *„Die lockende Aussicht auf Rom und das freie Jahr"* reißt ihn *„über die Schlappe"* hinweg.

Viele seiner Studienkollegen hatten sich wie er dafür entschieden, die jetzt fälligen Freisemester in Freiburg zu verbringen, so sein Freund und Gruppenführer Heini Tenhumberg und weitere aus der Schönstattgruppe, so auch Jupp Köckemann, der Führer der Jungschar in der Bischofsstadt Münster. Mit Köckemann zusammen fuhr er am 30. März nach Freiburg, das er 1932 auf seiner Fahrt in die Schweiz schon kennengelernt hatte. Seine Unterkunft fand er in der Hansjakobstraße 43 bei einer Frau Köbele. Nicht weit von dort lag ein Schwesternhaus mit der Kapelle St. Carolus, wo er leicht täglich an der heiligen Messe teilnehmen konnte. In den Ostertagen (Ostern war am 12. April) nahm er Kontakt auf mit Jugendführern in Freiburg und lernte bei dieser Gelegenheit auch Pater Konstantin Noppel, SJ, kennen, der bis 1935 Rektor des Germanicum in Rom war. Der Pater ermutigte Karl zur beabsichtigten Romfahrt und bot seine Hilfe an. Schon lange hatte Karl den Wunsch, nach Rom zu pilgern. Gerne wäre er dabei gewesen, als 1935 die Sturmschar zusammen mit den Georgspfadfindern und dem Bund Neudeutschland um Ostern in Rom zelteten. Der Direktor im Borromäum hatte ihm dafür aber nicht frei gegeben. So sann er mit Köckemann und seinem Kurskollegen Max Terhorst auf eine gute Gelegenheit im Freijahr. Am liebsten wären sie über Ostern schon gefahren. Am 22. Mai war der Start. Sie trampten durch die Schweiz und fuhren von Airolo ab im Zug mit Rückfahrkarte. Pater Noppel gab ihnen Anschriften und Empfehlungsschreiben mit, vor allem für den mit ihm befreundeten Kardinal Caccia in Rom. Am 26. Mai trafen sie in Rom ein und fanden Unterkunft im Kolpingshaus in der Via dei Petinari. Mehrmals lud der Kardinal die drei Pilger zum Essen ein, einmal in Castelgandolfo. Im Talar der Germaniker durften sie Pfingsten an der Papstmesse teilnehmen, in nächster Nähe zum Papstaltar. Unübertrefflicher Höhepunkt wurde für die drei eine Privataudienz bei Pius XI. am Freitag vor Pfingsten. Der Papst empfing sie in seinem Arbeitszimmer. Ihm lag viel daran, junge Katholiken aus Deutschland zu treffen und ihre Erfahrungen mit der Jugendarbeit im Hitlerdeutschland zu hören.

Die Begegnung mit Pius XI. und seine Gestalt prägten sich Karl unauslöschlich ein. Als er am 10. Februar 1939 vom Tod des Papstes hörte, schrieb er in sein Tagebuch: *„Mit Rührung und Ergriffenheit erinnere ich mich an die Audienz, die wir am Pfingstsamstag, am 31.5.1936* (an seinem 79. Geburtstag) *bei ihm im kleinen Kreise hatten* (mit der Datierung kam Karl 1939 etwas durcheinander)....“ *„Großer Pius, du bist tot. – Lass mich deinem Beispiel folgen! Segne mich vom Himmel her, erflehe mir Christi Gnade zum Priestertum, du großer heiliger Papst und Priester unseres Herrn und Heilandes!...“* – Gern erinnerte sich Karl später noch daran, dass Kardinal Caccia einmal meinte, dass er dem Papst in dessen Jugendjahren sehr gleiche. Und noch eine andere Begebenheit bleibt der Erinnerung wert: In der Kallistus-Katakombe begegneten die drei dem Weihbischof Paul Richaud aus Versailles. Der Weihbischof lud sie für den darauf folgenden Tag ein zu einer heiligen Messe um den Frieden und bat sie, ihm dabei zu ministrieren, was sie gern taten. Es gab noch einen Abstecher nach Neapel und eine Vesuvbesteigung. Sicherlich hat Karl mit diesem Erlebnis in Verbindung gebracht, was er einmal so niederschrieb: *„Wir wandern über Vulkane – das spür ich heut wieder wie nie. O unsere menschliche Unsicherheit, was können plötzlich Brände aus unergründlichen Tiefen aufbrechen und einen überkommen wie Lava, die glühend unheimlich dem Vulkan entspringt und alles mit urmächtigem Fluss überströmt und verbrennt."* Aus Geldgründen mussten die drei Romfahrer eine Woche früher als geplant zurückkehren und fanden sich um den 10. Juni wieder in Freiburg ein.

In Freiburg konnten sie ihre Erfahrungen mit drei anderen Rompilgern austauschen, die am 04. Mai 1936 schon nach Rom aufgebrochen und am 30. Mai 1936 nach Freiburg zurückgekehrt waren: mit Heini Tenhumberg, Anton Völkering und Heinrich Enneking aus Karls Schönstattgruppe. Sie hatten ihre erlebnisreiche Pilgerfahrt mit dem Fahrrad durchgeführt. Auch sie wollten noch nach Napoli kommen, doch dazu reichte es nicht mehr. Beim Übergang über die Grenze nach Deutschland mögen beide Gruppen sich wohl erinnert haben, wie 1935 die aus Rom heimkehrenden Sturmschärler von der Gestapo an der Grenze gefilzt, beraubt und übelst behandelt wurden. Solche Bilder mögen in ihnen erwacht sein und düstere Ahnungen von weit Schlimmerem, als sie deutschen Boden wieder betraten. Heini Tenhumberg beschließt seinen Reisebericht mit den Worten: „Trotz der düsteren Wolken, die da aufsteigen wollen: Rom war das Erlebnis unserer Gruppe. Wir wollen und werden es stets hüten, denn es war Gnade."

Nun hieß es aber, sich auf den Hosenboden zu setzen und zu studieren. Auf Ausflüge in den verlockend nahen Schwarzwald verzichtete man dafür aber nicht.

„Ja der Vatergott macht oft einen Strich durch unsere Rechnung."

Das Sommersemester 1936 in Freiburg ging früher als gewöhnlich zu Ende. Karl hielt es nicht lange in Kleve. Mit einigen Jungen vom Niederrhein machte er sich auf den Weg ins Allgäu. Die Erinnerung an diese Tage wurde ganz lebendig wach in ihm, als die Novembernebel über dem Niederrhein hingen und er krank im Bett lag. Am 02. November 1936 schrieb er den freundlichen Gastgebern im Süden: *„Diese herrlichen Tage und Stunden in Alpseewies vergessen wir unser Leben lang nicht. Die Berge und den herrlichen Alpsee und die prächtigen bayerischen Menschen sind uns allen so ans Herz gewachsen, daß wir alle die Sehnsucht in uns spüren, doch mal bald wieder drunten zum deutschen Süden zu fahren. Wann diese Sehnsucht Wirklichkeit wird, das müssen wir wohl dem Geschick der Zukunft überlassen..."* 1940 wird seine Fahrt zum letztenmal nach Süden gehen. Vom KZ aus wird er dann gelegentlich die Berge sehen und die gleiche Sehnsucht verspüren, die ihn weiter schreiben lässt: *„Ein unvergeßliches Bild ist uns geblieben, und jedesmal, wenn wir die Schellen läuten, die wir uns in Immenstadt kauften zum Andenken, dann steigt es neu vor uns auf: die vielen grau-braunen Kuhherden mit ihrem schönanheimelnden Geläut auf den Matten, Wiesen und Almen. Und auch an die gute würzige Milch von Alpseewies denken wir noch oft und wünschen sie uns noch manchmal auf den Tisch. Aber unsere Kühe in der Ebene geben ja auch reichlich von diesem guten Trank, aber die Alpenwürze fehlt. Noch eins, was uns gerade als katholische Buben (– so nannten die Gastgeber die Jugendlichen vom Niederrhein) so große Freud gemacht hat: der Herrgottswinkel und das feine Familiengebet. Das hat uns tief gepackt..."* Dann erzählt er noch von der Heimfahrt über Füssen nach München und von dort durch Franken, den Südspessart, das Maintal über Mainz, Koblenz und Köln nach Kleve. Laut Tagebuch von Elshoff verlief die Rückfahrt rechtsrheinisch über Kaub und Ehrenbreitstein mit Besuch und Übernachtung in Schönstatt vom 26. auf 27. August 1936. Genau vier Wochen waren die Jugendlichen unterwegs.

Ein Teilnehmer an der ‚Allgäufahrt' war Wilhelm Elshoff. Von ihm existiert ein Tagebuch, aus dem zu erfahren ist, dass die Jungen auf ihrer Fahrt im Rundfunk gelegentlich auch Ergebnisse von der Olympiade in Berlin gehört haben. Das Olympiastadion in Berlin wird genau 60 Jahre später der Ort der Seligsprechung von Karl Leisner sein.

Langeweile kannte Karl auch daheim nicht. Wie immer beschäftigte ihn die Jugendarbeit. Zwar hatte er schon im Frühjahr seinen Posten als Diözesanjungscharführer abgegeben. Aber nach wie vor wusste er sich mitverantwortlich und fühlte sich gedrängt, für eine gute Zukunft der Jungschararbeit in der Diözese Münster mitzusorgen. Dafür zeugt ein Brief von Karl an den Diözesanpräses Heinrich Roth vom 19. Oktober 1936. Zuerst entschuldigt er sich darin, dass er am Tag zuvor nicht an der Bezirksleitertagung hatte teilnehmen können. Hinderungsgrund war das Gautreffen der niederrheinischen Jungscharführer in Kevelaer. Drei Wochen zuvor war er in Düsseldorf im Jugendhaus gewesen. Dort nahm er Abschied von Pater Horstmann S.J. und sprach mit den Verantwortlichen über die Zukunft der Jugendarbeit in der Diözese. Er teilt dem Diözesanpräses mit, wie sie die Jugendarbeit in der Diözese dezentralisieren und wen sie für die Führung der einzelnen Bezirke vorschlagen wollen. Wilhelm Wissing soll der neue Diözesanjungscharführer sein. Mit ihm wollte er am 26. Oktober den Diözesanpräses und am 27. Oktober den Bischof in Münster besuchen, um *„von den Zukunftsplänen etwas zu berichten."* Aus diesen Besuchen ist wegen plötzlicher Erkrankung wohl nichts geworden. Karl beschließt seinen Brief mit einem bewegenden Dank an den

Präses: *„Eins möchte ich Ihnen als unserem Diözesanpräses und auch persönlich Ihnen als Priester ganz herzlich sagen: Dank, tausend Dank für die gute Führung, die sie uns allen und mir schenkten in den zwei Jahren, wo ich Jungscharführer sein durfte."* In einem NB heißt es noch: *„Würden Sie mir bitte eine neueste Liste der Bezirksleiter schicken können, die ich dann in Auszügen an die Jungscharführer der Gaue weiterleiten kann..."*

Dieser Brief ist uns wohl nur deshalb erhalten geblieben, weil er in die Hände der Gestapo (Geheime Staatspolizei) gelangte und von dieser wortwörtlich abgeschrieben wurde. In einem Schreiben der Staatspolizeistelle Münster vom 21. Oktober 1936 an die Staatspolizeistelle Düsseldorf heißt es u.a.: „Anbei übersende ich Abschrift eines durch die Postsperre erfassten Briefes des Obengenannten an den Diözesanpräses des katholischen Jungmännerverbandes. Zwecks karteimäßiger Erfassung aller Führer der konfessionellen Verbände bitte ich über Leisner umgehend Postkontrolle zu verhängen und das in beiliegendem Briefe angeforderte Verzeichnis der Bezirksleiter in Abschrift nach hier übersenden zu wollen, ferner weiteres Material, das für die hiesige Dienststelle von Interesse ist." Am 22. Oktober 1936 ging von Düsseldorf aus die Aufforderung an den Landrat von Kleve, „über Leisner auf die Dauer von einem Monat die Postkontrolle zu verhängen."

Aus einer Antwort der Staatspolizeistelle Düsseldorf an die Staatspolizeistelle Münster vom 12. November 1936 geht hervor, „dass das Verzeichnis der Bezirksleiter bisher nicht in der Post an Karl Leisner zu erfassen war." Dafür kamen manche Glückwunschschreiben von Freunden an Karl zum Namenstag in die Hände der Gestapo. Unter anderen Schreiben gelangte auch folgendes Dankschreiben von Pater Horstmann SJ aus dem Jugendhaus in Düsseldorf an die Gestapo: „Grüß Gott, lieber Karl. Bei meinem amtlichen Ausscheiden aus dem Jugendhaus drängt es mich, Dir zu danken für all Deine treue Mitarbeit unter unseren Jungen. Dein Eifer und Dein Idealismus hat auch mir oft Trost, ja innere Kraft gegeben zum Schaffen in so harter Zeit. Möge Dir der große Gott, der Deine Opfer besser kennt als ich, gemäß seiner reichen Güte vergelten..."

Als dieser Gruß zu Karl kam (mit Datum vom 05. November), lag dieser an Rippenfellentzündung erkrankt im Elternhaus in Kleve zu Bett. Seiner Wirtin in Freiburg musste er mitteilen, dass er mit Verspätung zum Wintersemester kommen wird. Frau Köbele in der Hansjakobstraße in Freiburg dankte ihm für die Nachricht am 11. November und schrieb u. a.: „Ja, der Vatergott macht oft einen Strich durch unsere Rechnung...Das Zimmer habe ich für Sie schon längst gerichtet..."

„...Tage der Sammlung...
Krise im Ringen um Beruf und Zukunft...“

Rechtzeitig zum Adventsbeginn war Karl Leisner wieder in Freiburg. Keinen Tag versäumt er die Mitfeier der heiligen Messe in der Morgenfrühe. Am Mittwoch, 02. Dezember, hält er im Tagebuch fest: *„Morgens 6.15 Uhr Roratemesse in St. Carolus. Eigene feine Stimmung.“* Die Caroluskapelle gehörte zur Gemeinde Maria Hilf. Prälat Eckert, der Caritasdirektor, feierte dort für gewöhnlich die heilige Messe. Die Kapelle war nicht weit entfernt von der Hansjakobstraße 43. So war Karl fast täglich dort zur heiligen Messe. Dort befand sich auch ein Kindergarten, der von Erlenbader Franziskanerinnen geleitet wurde. Die Schwestern veranstalteten am zweiten Dezember einen Nikolausabend für Buben und Mädchen, die Beziehung zum Kindergarten hatten. Für diesen Abend konnten sie Karl als Nikolaus gewinnen. Er schreibt im Tagebuch: *„Abends (17.00 Uhr) in St. Carolus Nikolaus gespielt. Fein! Für die Sieben- bis Zwölfjährigen Buben und Mädel.“* Karl war in seinem Element. Er schreibt: *„Ich entdecke ganz neu meine große Liebe zu Kindern. Eine wunderbare Freude machte es mir, jedem in die tiefen, glücklichen Augen zu schauen und das ‚Sprüchlein‘ danach zu sagen nach den Stichworten von Schwester (Oberin) Goswina. Es war eine echte Stunde frohen Anschauungsunterrichts für Kinderpsychologie.“* Unter den Mädchen war auch Maria Therese Ruby, sieben Jahre alt, aus der Neumattenstraße 18. Als Karl knapp zwei Monate später bei ihrer Familie wohnte und krank im Bett lag, begegnete ihm das Kind wieder und rief aus: „Jetzt weiß ich es, *Du* warst der Nikolaus“. Sie erkannte ihn an einem Fleck im Gesicht. Ihre Mutter, Frau Ruby, besuchte ebenfalls täglich die heilige Messe in der Caroluskapelle. Ihr war der Theologiestudent aus Kleve schon längst aufgefallen. Ein Kursgenosse von Karl wohnte im Sommersemester bei der Familie Ruby und half bei dar Betreuung der Kinder. Im August war er schwer krank geworden. So ging Frau Ruby auf Karl Leisner zu und bot ihm für den Rest des Wintersemesters Wohnung und diese Stelle im Hause Ruby an. Karl sagte zu. Im Februar kam auch seine Schwester Maria und durfte im großen Haushalt der Rubys aushelfen. Sie hatte bei ihrer ersten Stelle in Freiburg wegen finanzieller Not der Familie aufhören müssen. Dr. Ruby und seine Frau hatten in Berlin dem Sonnenscheinkreis angehört. Als sie dort heirateten, so wird berichtet, ließen sie sich einen Tisch mit 14 Plätzen machen und sagten: „Der wird voll". Und er ist voll geworden. Rubys hatten 12 Kinder, neun Buben und drei Mädchen. Von den Jungen haben sechs Theologie studiert. Fünf davon sind Priester geworden. Der Theologiestudent Heinz ist am 22. Juni 1941, zum Beginn des Russlandfeldzuges, am Bug durch deutsche Panzer auf tragische Weise ums Leben gekommen. Der Älteste, Karl, ist am 22. März 1936 zum Priester geweiht worden.

Am 05. Februar schreibt Karl Leisner an Dr. Vinnenberg von dieser seiner Stelle und Tätigkeit als „Jugendbändiger": *"...Weihnachten war ich zu Gast dort. Am Heiligabend war's sehr fein. Die Buben sangen aus dem Dezember-‚Scheideweg' die Weihnachtsfrohbotschaft, zwischenhinein Lieder und Musik nach unserer Art. Ich hab' nie so tief Weihnachten als Familienfest erlebt – objektiv gesehen. (Subjektiv kann's natürlich nirgends schöner sein als daheim)..."* Nachher war die ganze Familie in St. Carolus zur Mitternachtsmesse. Dann schildert Karl, wie er danach noch mit seiner Schwester Maria auf seiner Bude in der Hansjakobstraße gefeiert habe. Nach Weihnachten feierte Karl auch noch in Kleve in seiner Familie. Er schreibt an Dr. Vinnenberg: *„Am zweiten Weihnachtsfeiertag nachts bin ich dann nach Hause gefahren. (Ich hatte Fahrgeld bis Koblenz Festtagskarte bekommen zu einer Theologentagung in Schönstatt). Für 29,00 RM konnte ich auf Studentenkarte nach Kleve fahren und auf der Rückreise unter-*

brechen." Die Weihnachtsfreude im Haus Leisner war etwas getrübt durch den Tod des neunjährigen Egid vierzehn Tage zuvor aus der Familie Nielen, die mit im Hause wohnte. *"Die Nielenskinder sind uns wie Geschwister",* schreibt Karl. Am Abend des 28. Dezember traf sich Karl in Kleve "im Kaffee Linde" auch mit einigen Konabiturienten. Einer, der Jura studierte, vereiferte sich auf eine fanatische, fast ,mystologische' Weise für die Autorität des Führers. In seinem Bericht an Dr. Vinnenberg meint Karl: *"Er ist eine schwere Natur. Aber ich glaube trotz allem, dass er das Suchen nicht verlernt hat und in etwa versucht...,ehrlich und gerecht zu sein..."*

Von Kleve fuhr Karl Leisner auf der Rückfahrt nach Schönstatt. Dort nahm er im Bundesheim an einer Theologentagung teil. Aus dem Bericht darüber an Dr. Vinnenberg ist zu spüren, dass Karl sich seiner Verbundenheit mit Schönstatt manchen Kreisen gegenüber erklären musste. Er schreibt: *"Die Theologentagung in Schönstatt mit Pater Kastner war gut. Ich bin ja selbst kein Bündler* (sein Freund und Gruppenführer Heini Tenhumberg hatte am 08. September 1936 in Schönstatt die Aufnahmeweihe für den Apostolischen Bund gemacht) *und werd' wahrscheinlich keiner, aber das ist sicher, es wird viel Unfug und Gerüchtdunst über die Sache verbreitet. Ich sag' mir, sich überall das Gespür für das Gute bewahren und ohne Vorurteile an etwas rangehen, dann kommt man meist zu einem gerechteren Urteil. – Jedenfalls haben mir die Tage der Sammlung dort wohl getan, zumal ich zur Zeit stärker als je zuvor eine kleine Krise im Ringen um Beruf und Zukunft durchmache..."* Karl sieht sich in einer Krise um seine Priesterberufung und wohl im Zusammenhang damit auch um seine Schönstattberufung, was konkret heißt um seine Berufung zum Priesterbund. – So klein war diese Krise nicht, wie die folgenden Monate zeigten.

Worin bestand diese Krise und wie kam es dazu? Am 20. März 1937 wollte Karl wieder in Münster sein, um noch Examen zu machen. Bei dieser Gelegenheit wollte er sich mit Dr. Vinnenberg aussprechen. Karl schreibt, dass er am 20. Januar krank geworden sei, Mittelohrentzündung auf beiden Seiten, offenbar besonders auf der rechten Seite. Bis 01. Februar habe er liegen müssen: *„Wieder mal eine kleine Geduldsprobe. So hatte ich mal wieder 14 Tage Zeit, mich zu vertiefen und beim lieben Gott in die Schule der Bescheidung und des kindlichen Vertrauens zu gehen..."* Vom eigentlichen Kern der Krise macht er nicht die geringste Andeutung. Mutter Ruby holte Karl, der starke Schmerzen auszuhalten hatte, aus dem Studentenzimmer oben herunter in das Zimmer, das zuletzt Karl Ruby gehörte, in der Familie „Prizi" (Priesterzimmer) genannt. So war er näher bei der Familie, die bestens für ihn sorgte. Elisabeth, das zweite der Rubykinder, unterstützte die Mutter dabei. Sie hatte in ihrer stillen feinen Art schon längst die Sympathie von Karl gefunden. Jetzt begann Karl zu spüren, dass mehr als nur eine Sympathie für Elisabeth da war. Er gestand sich ein, dass er eine tiefe Liebe für sie empfand, die er aber nach außen nicht zu erkennen gab. Doch im Herzen begann nun ein neues Fragen um seine Berufung: Will er Priester werden? Seine Sehnsucht nach dem Priestertum ist groß. Oder soll er doch heiraten und eine Familie gründen? Er hat zu Hause eine schöne Familie erlebt und darf jetzt hier ein beeindruckendes Familienleben erfahren.

Am zweiten März nimmt Karl mit seiner Schwester Maria Abschied im Haus der Familie Ruby. In seiner Eintragung ins Gästebuch dankt er für alle Güte in den zwei unvergesslichen Monaten und *„besonders in den Tagen des Krankseins"*. Davon, dass sein Herz nicht mit will, macht er keine Andeutung. Am nächsten Tag bringt Dr. Ruby ihn und seine Schwester Maria zum Hohentwiel. Von dort trampen die beiden ins Allgäu und fahren über München, Nürnberg, Bamberg in die Eifel zu den Verwandten von Rubys und kommen am 16. März nach Kleve. Am 23./24. war in Münster Examen; am 25. März, diesmal Gründonnerstag, Einkehrtag bei Prof. Walter, Wehrkreispfarrer. Am Karfreitag ist Karl zurück in Kleve. Dann gibt es zunächst einmal eine Unterbrechung des Studiums, denn am 03. April hat Karl zum Arbeitsdienst anzutreten in Sachsen. Vielleicht ist Karl diese Unterbrechung nicht unwillkommen. Er braucht Zeit zur Klärung seiner Fragen.

Kurzbesuch vom Reichs-Arbeits-Dienst im Elternhaus (1937)

„War das ein wildes Ringen –
und doch, es wird der Sieg gelingen."

Der Stellungsbefehl zum Reichsarbeitsdienst lautete für
Karl Leisner auf Dahlen / Sachsen, Kreis Grimma-Oschatz.
Am 01. April 1937 verabschiedete sich Karl von der Fami-
lie in Kleve. In Dortmund machte er einen Zwischenstop
bei Verwandten. Am Weißen Sonntag traf er in Oschatz ein.
Dort ist eine Kapelle, die aus einem alten zerfallenen Tanz-
saal hergerichtet worden war. An der Kapelle trifft er den
Pfarrer Max Gewinner, fast wie vereinbart. Vor Jahren hat-
te Pfarrer Gewinner die Diasporakommunionkinder seines
Seelsorgebezirkes zur Kommunionvorbereitung in Kleve.
Karl kann an der heiligen Messe teilnehmen und den Pfarrer zu Krankenbesuchen begleiten. An den kommenden
Sonntagen, an denen kein Dienst sein wird, wird er regelmäßig zum Gottesdienst und zur Begegnung mit dem
Pfarrer und manchen Pfarrangehörigen kommen. Das Lager in Dahlen macht einen ganz positiven Eindruck auf
Karl. Die neue, bisher unbekannte Landschaft im Vorfrüh-
ling fasziniert ihn. Ganz unvoreingenommen geht er auf
Vorgesetzte und Arbeitskameraden zu, bei denen er
schnell als „der Paschtor" gilt, denen er aber mit Wohlwollen begegnet. Schon an einem der ersten Abende verwi-
ckelt ihn der Lagerleiter und der Ortsgruppenleiter in ein
langes Gespräch, wohl um ihn auf seine Gesinnung zu te-
sten. Karl beteiligt sich freimütig und wird später in Ruhe
gelassen. Er hat morgens die Fahne zu hissen, was ihn
wohl an manche Lagererfahrung erinnert und was er mit
einer gewissen Begeisterung vollzieht. Er hat schnell Kontakte zu den Kameraden. An Kameradschaftsabenden singt
er zur Gitarre. Sehr bald wird ihm aber auch deutlich, dass
bei vielen kaum eine Spur von Christentum zu bemerken
war und dass in moralischer Hinsicht verbreiteter und tiefer Schlamm vorherrschte. *"Tonus moralis sub omnibus ca-*

nonibus" (der moralische Ton ist unter jeder Kanone) – schreibt er einmal. Und: *„Die Vorurteile und Greuelmärchen über die Kirche sind oft direkt zum Kranklachen, wenn es nicht so ernst wäre"* (24. April an Dr. Vinnenberg). Vom Niederrhein war er der Einzige im Lager und auch Katholiken waren sie nicht viele. Mit zwei Gleichgesinnten zieht er sich zuweilen von der Masse zu tieferem Austausch zurück. Arbeit, Sport und täglicher Drill setzen ihm nach den vorausgegangenen Erkrankungen ganz schön zu. Andererseits erhoffte er sich davon auch eine Kräftigung für seinen Leib. Seine Grundstimmung war froh bis überschwänglich. Der erwachende Frühling und die bisher unbekannte Landschaft trugen sehr dazu bei. Die Freude fand ihren Ausdruck im Gebet, dem er schon früh am Morgen viel Zeit widmete und das sein ganzes Tagewerk durchseelte. Von Anfang an dachte er aber auch sehr nüchtern über die neue Situation. Am 01. April heißt es in seinem Tagebuch: *„Eine schwere Zeit der Prüfung, der Härte, des Ringens um Mannestum und Lebensberuf steht mir bevor, ernster und schwerer als ich mir dachte. – Dunkle Zukunft! O unbeständig's wildes Herz – o tiefer, dunkler, weher Schmerz!..."*

Seine Briefe nach Hause ließen Eltern und Geschwister an seiner frohen Grundstimmung teilnehmen. *„Der Betrieb macht mir Spaß"*, schreibt er am 09. April. Er erbittet sich einige Bilder aus der Zeitschrift „Wacht" und anderes von daheim zum Schmücken. Von seinem inneren Ringen dringt kaum etwas nach außen, aber er deutet es doch an: *„Betet weiter für mich. Ich kann's manchmal nötig brauchen, für den Beruf, der lang nicht so unumstritten war und ist, wie ihr vielleicht manchmal denkt, denn so einfach ist's doch nicht. Aber mit Gottes Gnadenkraft und Hilfe geht ja alles."*

Seinem Tagebuch freilich vertraute er unbekümmert seine tiefsten Gefühle und Sehnsüchte an. Mit seinen Gedanken und mit seinem Herzen ist er viel bei Elisabeth, der er

schon auch einmal eine Karte schrieb. *„Ich dichte und singe und träume. Mir ist's, als muss ich zerspringen vor Sehnsucht"*, schreibt er einmal. Ein solches „Gedicht", das schließlich zum Gebet wird, ja ein Gebet ist, findet sich im Tagebuch am 17. Mai, Pfingstmontag. Es klingt aus in den Worten: *„Mir ist so, als wüsst ich selbst nicht mehr, was in mir vorgeht. Ein Tosen und Toben, ein glückhaft wonnig Frühlingsschäumen in Leib und Blut und Geist und Seele. Und doch, ach was ist's schwer, sich für eine Bahn im Leben zu entscheiden. Ist Opfer alles, kann ich auf ein gutes wunderbares Geschlecht verzichten? Auf all die Freuden und Kämpfe eines heiligen Bundes mit einem lieben Menschen? – Und ach, dies gr. des.* (große Sehnen), *es lässt mich nicht los. Und doch strebt alles in mir und in ihr zur Heiligkeit und restlosen Hingabe an den Herrn.*
Herr, zeig' mir den Weg, und gib mir den rechten Geistesfingerzeig, wohin ich gehen soll. Ich weiß keinen mehr, ich bin krank im tiefsten Herzen!"

Mit Kameraden macht Karl einen fünftägigen Pfingsturlaub in Dresden und in der Sächsischen Schweiz. Danach wurde seine ganze 200 Mann starke Abteilung ins Emsland verlegt nach Georgsdorf, nahe an der Holländischen Grenze. Dort sollten 100 000 ha Moorfläche in Kulturland umgewandelt werden. In den ersten Wochen war die Abteilung mit dem Auf- und Ausbau des neuen Lagers beschäftigt. Am 21. Mai wurde damit begonnen. *„Das Leben hier im einsamen Moor ist einfach und hart"*, schreibt Karl an Familie Weber im Allgäu. *„Unser Lager liegt an einem Kanal, in dem wir täglich schwimmen können."* Er grüßt die Familie *„mit unserem Gruß hier: ‚Schlamm heil!'"* In Sachsen hatte es geheißen: ‚Schipp heil!'

Seine Stimmung drückt sich in den Tagebucheintragungen verhaltener aus als bisher: *„Tief traurig und ratlos, weglos und einsam...Ich weiß nicht, was ich machen soll"*, schreibt er in den ersten Tagen im Moor. Aber auch hier entdeckt er

Tag und Nacht viel Schönes. Der Sonnenuntergang fesselt ihn. *„Schön im Mondlicht ein säugendes Pferdefüllen"*. Er betrachtet die Sterne und entdeckt ihre tiefere Botschaft: *„Das rote Marslicht lässt an Liebe denken."* Viel vertieft er sich ins Neue Testament, besonders in das Johannesevangelium und in die Apostelgeschichte. Zuweilen vermisst er die heilige Messe. Er kniet vor dem Tabernakel in Hoogstede und bringt *„alle Sehnsucht"* seines *„gequälten Herzens"* vor den Herrn. Das Bußsakrament ist ihm immer wieder neu der Weg aus dem Sumpf. Nach dem Gottesdienstbesuch spielt er schon einmal ‚Mensch ärgere Dich nicht' mit Pastor Bernhard Purk, dessen Haushälterin und deren beiden Freundinnen. In der Pfarrei gibt es auch schon einmal *„eine Konferenz der Theologen"*. Im Lager lässt er sich oft auf religiös-politische Gespräche ein. Er plaudert viel und spaziert mit dem bewährten ‚Triumvirat' (Leisner, Walter Flämig und Franz Schöndorf). Am 24. Mai geht ein erster langer Brief ab zu Elisabeth. Er schreibt auch an Gertrud Ruby, Elisabeths Schwester, und freut sich, als Post von ihr kommt. Man spürt aus dem Tagebuch sein Ringen um Wachsamkeit und gegen alles Versumpfen. Wenn er allein ist *„auf Posten in stiller Mondnacht"*, trägt ihn die Sehnsucht weit fort zu Menschen und Ländern. An besonderen kirchlichen Festtagen ist er im Geist in der heimatlichen Kirche. Am 01. Juli schreibt er ein Gedicht nieder, in dem es u.a. heißt:

> *„Denk nicht an das Heute,*
> *das voll Schmerzen ist,*
> *denk an das Morgen,*
> *das den Sieger grüßt..."*

In einem anderen Gedicht über das Grünen und Reifen stehen die folgenden Verse:

„Mensch lern von diesem Reifen!
Gottes Hand ist's, die dich stärkt!
Laß dich von ihr greifen."

Ein anderes Gedicht, das er wohl selbst verfasst hat, lässt ihn aufschauen zu Maria:

„...Und immer wieder bewundre ich Dein Schweigen,
Dein mütterlich Sich-gütig-zeigen.
Drum will ich als Ritter vor Dir stehn,
im Panzer der Reinheit aufrecht bestehen
Vor Dir, Maria, Jungfrau, Mutter."

Anfang Juli bekommt Karl Besuch von seinem Bruder Willi und einem Jugendfreund. Am 24. Juli startet er zu einem Urlaub nach Hause. Ein kurzes Eintauchen und Durchatmen. Am 26. Juli geht es zurück zur letzten Etappe des Lagerlebens. Die Eintragungen im Tagebuch werden nüchterner, auch ergebener. Die Arbeit ,im Sumpf' beginnt zu zermürben. Seine Freunde haben zuweilen *„die Schnauze voll"*. Auch er beginnt die Tage zu zählen, je mehr es dem Ende zugeht. Am 30. August stirbt sein Kurskollege Jupp Kühne, der vor ihm im Hause Ruby war. Er darf zum Begräbnis fahren nach Buer. Dort trifft er viele Freunde, und aus Freiburg auch die Mutter Ruby. Die ihn bedrängenden Anliegen gehen mit: *„Reinheit! Kampf! Priestertum! Familie!"* (02. September). Es reicht zu einem Besuch in Münster im Borromäum beim Direktor. Am 11. September notiert er: *„Auf Posten geträumt und über die große Entscheidung nachgedacht. Sehr ruhig geworden. – Alles opfern, wenn der Meister ruft."* Am 30. September hätte die Dienstzeit zu Ende sein sollen. Doch es gab nur kurzen Urlaub und dann ging es weiter bis in den Oktober. Am 23. Oktober war die Entlassung aus dem RAD. Karl notiert am 3. November 1937: *„Auf keinen Fall möchte ich diese Zeit missen. Es war eine harte, aber gut überstandene Lebensschule."*

Karl hat „*an Härte und soldatischem Gleichmut*" gewonnen, aber auch an kindlichem Vertrauen. Die Erfahrungen beim Arbeitsdienst führten ihn zuletzt doch vertrauender in die Arme seines Meisters, auf dessen Ruf er hören wollte. Das wurde ganz konkret, als er am 24. Oktober in Münster zur Beichte ging und bei Pater Esch SJ um eine Nikodemusstunde bat. Das wurde noch konkreter, als er am 29. Oktober zum erstenmal wieder im Elternhaus aufgewacht war und gleich danach in Christkönig an der heiligen Messe teilgenommen hatte. Als er von der Eucharistiefeier nach Hause kam, hatte er Besuch von der Gestapo. Dieser dauerte bis 10.30 Uhr. Die Gestapobeamten nahmen seine Tagebücher und auch die Tagebücher seines Bruders und anderes Schriftliches mit. Karl war „*hinterher fertig und tief traurig...Das Heiligste, Persönlichste, Feinste...nein, ich darf nicht daran denken, sonst überkommt mich tiefe Trauer...Oh, es ist mir als sei da ganz tief drinnen etwas zersprungen, so etwas ganz Feines. Unter bitteren Tränen schreib ich das. Ich bin namenlos traurig .über das Erlebnis. Was ich mit Gott und den Brüdern und Schwestern im Volk und auf der weiten Welt erlebte an feinsten Stunden – die Taufrische dieser feinsten Dinge, das gewaltige innere Ringen um Reife und Beruf, um Christus, Kirche und Volk, es wird zertreten; beschämend...*" Karl hatte ohnehin schon vor, an diesem Tag nach Kevelaer zu fahren „*zur Mutter*". Jetzt drängt es ihn erst recht dorthin. Am Nachmittag ist er dort: „*Von 16-17, 10 eine heilige Stunde des Erschlagenseins, des Verzichtes, des letzten verklärten Glühens, des Daheimseins bei der Mutter! Und – das Große: letzte Weihe zu heiliger Reinheit der Seele und des Leibes vor ihrem Bild. O Consolatrix afflictorum – Ora pro nobis.* (O Trösterin der Betrübten – Bitte für uns.) *Letzte Hingabe – letztes tiefstes Vertrauen. Servus Mariae nunquam peribit.* (Ein Diener Mariens wird niemals zu Grunde gehen.) *Mater habebit curam* (Die Mutter wird sorgen)...*Fiat Voluntas Tua* (Dein Wille geschehe) – *das sag Deinem Sohn, liebste Mutter. – Und das mög Er mir schenken, dies unbedingte Jasagen zu Gottes Willen!*"

Karl hatte Mut genug, am gleichen Tag noch seine Tagebücher von der Gestapo zurückzuverlangen, ohne Erfolg.
Stattdessen verhängte die Gestapo nocheinmal eine ein-
monatige Postsperre über Karl, was ihm aber wohl kaum
bekannt geworden ist.

Eine lange Kampfzeit geht zu Ende, Karls Wille hat sich zu
einem letzten Ja zum Priesterberuf durchgerungen. Er
wird ins Borromäum zurückkehren. Sein Herz wird aber
noch lange brauchen, bis es diese Entscheidung des Willens eingeholt hat.

„...ich glaub', das Ja ist endgültig..."

Am 31. Dezember 1937 blickt Karl Leisner auf das Jahr 1937 zurück. Er schreibt: *„Keines war bisher innerlich so bewegt wie dieses. Nie vergess' ich die Tage von Schönstatt, wo zu Füßen der Gottesmutter der große Kampf um Liebe und Beruf begann. Das war gewaltig. Ich war tief erschüttert. Die Tage der Krankheit waren unvergesslich. Ebenso die darauffolgenden. – Das Opfer wurde mir sehr schwer. Die innere Überwindung ist erst nach dem RAD gekommen in den zwei Monaten im Collegium Borromäum."*

Am 02. November 1937 ist Karl ins Borromäum zurückgekehrt. Zuvor am 27. Oktober hatte er Elisabeth seine Entscheidung mitgeteilt und begründet. Im Tagebuch schweigt er über das, was er ihr zu sagen hatte. Am 04. November, seinem Namenstag, hält er ihre Antwort in Händen und notiert: *„Das Erlebnis des Tages, der wundersam feine und tiefe Brief von Elisabeth. Ich staune! Beten soll ich ihr helfen, dass auch sie Entscheidung, Klarheit in ihrem Lebensziel bekommt..."*

Am 05. November kommt der Bischof ins Borromäum aus Anlass des Patroziniums (Karl Borromäus). *„Der Bischof spricht sehr ernst über Heiligung des Priesters in der Vorbereitungszeit."* Wenige Tage später wird der Bischof in einer freimütigen Predigt im Dom die christenfeindlichen Übergriffe der Nazis aus der letzten Zeit zurückweisen. Karl weiß sich seinem Bischof ganz verbunden und erfährt sich gestärkt durch ihn.

Ebenfalls am 05. November bespricht er mit dem Dogmatikprofessor Dr. Schmaus das Thema seiner wissenschaftlichen Arbeit. Karl wählt sich folgendes Thema: „Vom Sinn und Geheimnis des Wachsens im Leben von Natur und Gnade beim Menschen." (Eine dogmatisch-pädagogische

Schau). Das war ein Thema der Zeit und besonders auch der katholischen Jugendbewegung. Das war das Thema seines Lebens. Das war auch ein wichtiges Thema der Schönstattbewegung und vieler Kurse von Pater Kentenich: Naturbejahung war angesagt und angefordert und Naturvollendung, die es – wie Pater Kentenich immer dartat – nicht geben kann ohne eine sinngemäße Naturopferung. Vor allem hatte auch Pater Kastner über dieses Thema geschrieben, den Karl von Theologentreffen her kannte und schätzte.

Am 20. November zog er auch in einer heiligen Beichte noch einmal einen Schlussstrich unter die vergangenen 1 1/2 Jahre, nicht aus Ängstlichkeit, sondern als einen Akt kindlichen Vertrauens. Das Geschenk war die tiefe Erfahrung der Vaterliebe Gottes, die er in einem wunderbaren Gebet niederschreibt, in dem er es wagt, Gott ganz persönlich als *seinen* Vater anzureden: *„Du, mein Vater, bleibe mir gut und verzeihe, wo ich gefehlt habe..."* (s. Lejeune S. 156) Immer mehr verziehen sich düstere Nebel über seiner Seele und in hellem Licht entdeckt er, welche Gnade seine Eltern für ihn waren und sind: *„Herrlich: Unser Vater und unsere Mutter. – Es wird immer schöner! – Und in dieser Familie bin ich geborgen, daheim. Wie beten wir füreinander..."*

Auch das Miteinander in der Schönstattgruppe wird ihm neu zum Geschenk. Im ablaufenden Jahr haben sie sich wenig gesehen. Enneking und Leusder sind zum Wintersemester 1936/37 nicht nach Freiburg zurückgekehrt. Tenhumberg hat die Zeit in Freiburg intensiv genützt zu einer wissenschaftlichen Arbeit über „die Verehrung des heiligen Erzengels Michael in deutschem Glauben und Brauch", wofür er von Professor Vincke höchste Anerkennung und warme Empfehlung zu weiterer Förderung erhalten hatte. Während Leisner als Bubenbändiger bei Rubys tätig war, ließ Tenhumberg sich in die Studentenverbindung ‚Unitas' aufnehmen und erhielt den Namen ‚Leu' (Löwe). Jetzt waren sie wieder vereint und verstanden sich gut. In der zweiten Januarhälfte war Tenhumberg an der Reihe bei den Predigtübungen. Karl schreibt am 27. Januar 1938 darüber: *„Die beste Predigt, die ich je im Bau hörte! Über die Heiligung und den rechten Gebrauch der Natur. Das Herz ging einem auf vor Freude. – Christliche Haltung zur Schöpfung und Welt, die wir zu erlösen da sind kraft der Frohen Botschaft. ‚Die ganze Schöpfung harrt mit Sehnsucht auf die Offenbarung der Kinder Gottes.' Das war herrlich! Der rechte Sinn für Aszese ging einem auf und der Abtötung. – ‚Ob ihr esset oder trinket oder sonst was tut, tut alles zur größeren Ehre Gottes.' – Gott verherrlichen, loben und danksagen durch die Schöpfung. Das ist ja ihr Sinn. – Wir waren alle ganz froh, und der Chef war begeistert und voll des Lobes"* (27. Januar 1938).

In der Gruppe wurden die Erfahrungen der Arbeitsdienstzeit gemeinsam aufgearbeitet. Josef Brink, der zur gleichen Zeit wie Leisner beim RAD war, schrieb am 05. April 1977 dazu an den gemeinsamen Kurskollegen Heinrich Kleinen: „ Von Karls Arbeitsdienstzeit weiß ich, daß er sich mutig für die Belange der Kirche einsetzte und den engen Kontakt mit den Arbeitskameraden eifrig als Werbung für die Sache Christi zu nutzen suchte. Da wir gleichzeitig – im Sommer 1937 – im RAD waren, haben wir auch nachher oft unsere Erfahrungen und Erlebnisse ausgetauscht. Er sah diese Zeit als Bewährungsprobe zum glaubwürdigen Zeugnis für Christus inmitten Andersdenkender und zur Ermutigung seiner katholischen Arbeitskameraden."

Für die Schönstattfamilie sollte 1938 ein „Werktagsheiligkeitsjahr" werden. Diese Zielsetzung machte sich auch Karls Gruppe zu eigen und auch Karl machte Werktagsheiligkeit zum Leitwort für das neue Jahr (05. Januar 1938). Am 08. Dezember 1937 konnte Karl mit Genugtuung und Dankbarkeit vermerken, dass er die sechs Wochen zuvor in Kevelaer gelobte Treue der Gottesmutter gegenüber im Ringen um Reinheit einlösen konnte. *„So will ich denn im Vertrauen auf den Herrgott mit Dank für die gnädige Führung, die ich in ganz besonderer Weise der Hilfe der hl. Mutter Maria verdanke, den großen Lebensschritt wagen".* (07. Dezember 1937) – Das Ja seines Willens wurde endgültig. Das Ja des Herzens musste noch weiter nachkommen, vor allem aber auch das ergänzende Nein der Loslösung von allem, was Gottes Ruf noch entgegenwirkte.

Osternacht 1938.

„Wenn das Weizenkorn nicht
in die Erde fällt und stirbt, bleibt
es für sich allein; ist es aber gestorben, so bringt es viele Frucht.“

Joh. 12, 24 ff.

Dein H. Tenh.

oben: Eintragung von Heinrich Tenhumberg im Tagebuch von Karl Leisner
unten: Karl Leisner und Heinrich Tenhumberg als Seminaristen zu Gast bei Bekannten in Münster (1938)

90

„Ich habe mein Treuwort gesprochen...
Ecce – servus tuus."

Im Frühjahr 1938 besteht Karl Leisner die Prüfung vor dem Eintritt ins Priesterseminar, den sog. ,Introitus'. Dann will er *„den großen, heiligen Weg wagen – auf Christus hin, auf seinen göttlichen Ruf und seine einmalige Sendung hin"*. Er weiß sich getragen von der Gottesmutter, von vielen guten Menschen und Christen, nicht zuletzt auch von seiner Schönstattgruppe: *„Ja, es ist so: immer wieder hat sich die liebe Gottesmutter, die gütige heilige Jungfrau ihrer Schönstätter als Werkzeuge bedient, um mich zu führen zu meinem einzig wahren Selbst, zum höchsten persönlichen Ideal, das da in meinem Herzen brennt: Priester Jesu Christi, ihres göttlichen Sohnes zu werden. Eigenartig! – Das Büchlein von P. Ferdinand Kastner ,Der Werktagsheilige in der Schule des Vorsehungsglaubens', das hat mich tief angesprochen. – Es gibt letzte Klarheit und Fügung und Bescheidung in Gottes Willen, in die göttliche Vorsehung. Ich will Ihm mein bangend stürmisch Herz ganz restlos anvertrauen."* Dieses Herz ist auf dem Weg von Freiburg nach Münster zum Weihealtar noch nicht ganz nachgekommen. *„Mich zieht's mit Gewalt nach Freiburg"*, notiert er am 05. April 1938. Am 17. März, nach Tisch, vertraut er sich daheim auf dem Chaiselongue auch noch einmal seinem Vater an. *„Ich erzähl' ihm mein Vorhaben und finde sein weites, großes gütiges Vaterherz. Er versteht das Leben..."* Sein Vater wird zu ihm stehen und ihn verstehen, wie er sich auch entscheidet. Dann führt er sein Vorhaben aus und fährt nach Freiburg. Die Begegnung mit Elisabeth entlässt und verweist auch sein Herz auf den eingeschlagenen Weg zum Priestertum. Er meldet sich im Priesterseminar und trägt von jetzt an den Talar. Wegen Platzmangel muss er mit den Jüngsten im Kurs vorerst noch im Borromäum sein. Am 06. April 1939 notiert er dort: *„Ohne Opfer und letzten, selbstlosen Verzicht geht es nicht. – Deshalb spreche ich ihn* *aus, spreche Ja zu Christi Ruf und Forderung. – Den geliebten Menschen will ich stets seiner Führung und besonderer Gnade und Güte empfehlen. Das sei mir Lebens- und Dankespflicht. Nicht aus Feigheit, irgend etwas anderes nicht zu können, will ich verzichten, sondern weil ich ganz Gottes Ruf gehorsam sein möchte... Ich möchte dein Priester, Künder deiner Frohbotschaft, dein Gesalbter werden, weil ich deinen Ruf zu hören meine. – Wohin du mich stellst, da will ich stehn. Gib mir deinen Rat und deine Kraft dazu!"* (06. April 1938). Die großartige Haltung von Elisabeth Ruby hat ihn zu diesem *„Ja zu Christi Ruf und Forderung"* bestärkt und freigegeben.

Fast könnte man meinen, Karl Leisner hätte über seine inneren Nöte die Entwicklung im Vaterland aus dem Blick verlieren können. Karl liebt sein Vaterland und weiß es sehr gedemütigt durch den Versailler Vertrag. Trotz kritischer Einstellung gegen Hitler und die Nazis, trotz schmerzlicher Erfahrungen mit der Gestapo, meint er auch Positives und Großes in der politischen Entwicklung zu sehen und schreibt: *„Das Große, was da geschieht, will ich groß sehen."* Er wird sehr ernüchtert durch die Ereignisse, die bald nachfolgen: Anschläge auf die Synagogen; brutale Protestdemonstration gegen seinen Bischof und vieles andere. Er hätte das Zeug gehabt, auch Politiker zu werden, und er hat auch mit dem Gedanken daran gespielt. Doch für Menschen seiner Gesinnung und Geistesrichtung bestand dafür gar keine Chance. Umso mehr wird ihm auch die politische Entwicklung und die zunehmende Bedrängnis der Christen und der Kirche zu einer Bekräftigung seiner Berufung zum Priestertum. Mehr denn je ist jetzt der gute Hirte gefordert, der sein Leben hingibt für die Seinen. Diese Überlegung beschäftigt zu dieser Zeit auch seine Schönstattgruppe. Miteinander ringen die Freunde in der Gruppe um ein Priesterbild, das eine Antwort ist auf die Herausforderung der Zeit und das die zunehmende Verfolgungssituation zu beleuchten vermag und zu bestehen hilft. Ein Satz aus der Weiheliturgie hat es ihnen angetan und scheint für sie die Antwort zu sein: ‚Sacerdotem oportet offerre'. Der Priester muss der sein, der das Opfer darbringt. Gemeint ist zunächst das Opfer Christi. Aber für sie schwingt auch schon der Gedanke mit, dass man da die Opfer eines Priesterlebens und vielleicht auch das Lebensopfer des Priesters mit verstehen darf und muss. Die Gruppe erwählt dieses Wort schließlich zu ihrem ‚Kursideal' und nimmt es als Leitstern für ihren künftigen Weg. Wenn die Mitbrüder einmal von der Verhaftung Karls hören werden, werden sie ein ‚et offerri' (er muss auch geopfert werden) hinzufügen. Sechs Jahre später werden auf einem Weihe- und Primizandenken für den Neupriester Karl Leisner im KZ Dachau einmal diese Worte stehen: Sacerdotem oportet offerre –, in Verbindung mit dem Kelch als dem Kurssymbol. Am Karfreitag bricht die ganze innere Not in Karl wieder auf. Am Karsamstag darf er bei der Liturgie mitwirken. Sein Herz ist nicht auf Alleluja gestimmt: *„Entsetzlich unglücklich komm' ich mir vor".* (16. April) Die Mitbrüder des Weihekurses sind froher gestimmt und reißen ihn mit in die österliche Freude. Sie ahnen wohl kaum etwas von seiner inneren Zerrissenheit. Mit Vertrauen schaut er auf seinen Regens Arnold Francken, der sein Priestertum so glaubwürdig vorlebt. In der Osternacht schiebt Karl seinem Gruppenführer und Freund Heinrich Tenhumberg das Tagebuch hin mit der Bitte um eine Eintragung. Tenhumberg schreibt das Wort aus Joh. 12,24ff.: „Wenn das Weizenkorn nicht in die Erde fällt und stirbt, bleibt es für sich allein; ist es aber gestorben, so bringt es viele Frucht."

Es geht den niederen Weihen entgegen. Am Vormittag des 21. Mai 1938 schreibt Karl einen Brief an Elisabeth:

„Ave Elisabeth! Es war entsetzlich schwer. Glaube und Vernunft, Kopf und Herz hätte ich dabei verloren, wenn mir nicht die himmlische Mutter geholfen hätte. Eine furchtbare Mattig-

keit und noch ein schlimmerer Zweifel am Sinn meines Lebens
überfielen mein so selbstsicheres, stolzes Herz. – Ich glaube, Dein
Gebet gespürt zu haben. Nie hab' ich so für Dich gebetet wie in
den vergangenen Wochen. Dein Schweigen hat mir wohlgetan.
Ich danke Dir für Deine Güte und schwesterliche Liebe, die Du
mir seit den Tagen unserer Begegnung schenktest. Dir danke ich
viel, und Christus ist mir in Dir begegnet, wie Er mir noch nie
entgegentrat. Introibo ad altare Dei ad Deum qui laetificet ju-
ventutem nostram! (Ich will hintreten zum Altare Gottes, zu
Gott, der unsere Jugend erfreuen möge!) *Kannst Du mir*
verzeihen? Halte Dich für frei von mir!   Karl".

In seinem Tagebuch notiert Karl, was diesem Brief vorausgegangen war: „*Gestern Abend besuchte mich um 18.55 Uhr*
der Hochwürdige Regens Francken. – Gütig und sachlich, kurz
und bündig, entscheidungsheischend trat er wie der Herr selbst
vor mich hin. Ich habe mein Treuwort gesprochen. Fiat mihi se-
cundum verbum tuum! Ecce – servus Domini!" (Mir geschehe
nach Deinem Wort! Siehe – ich bin der Knecht des Herrn!)

Vom 28. Juni bis 02. Juli sind Exerzitien und Karl empfängt
die niederen Weihen. Doch auch danach lebt er nicht auf
der Insel der Seligen. Er versinkt aber auch nicht in der
Trübsal. Kaum dass für die Seminaristen die Sommerferi-
en begonnen haben, begibt er sich wieder auf Fahrt. Ende
Juli 1938 trampte Karl mit zwei weiteren Jugendlichen,
über Lückerath, der Heimat der Mutter Ruby, und dann
durchs Rheintal über Karlsruhe wieder ins Allgäu nach
Alpseewies. Dort stieß noch ein Vierter dazu. Sie ver-
brachten die Zeit mit Schwimmen und Rudern, mit einer
Tour in den Bregenzerwald und mit einer Nebelhornbe-
steigung. Die tägliche heilige Messe gehörte selbstverständlich zum Programm. Die drei Tramper (der Vierte
reiste per Bahn) nahmen ihren Heimweg über Freiburg.
Dort fanden sie im Haus Ruby Unterkunft. Herr Dr. Ruby
lud die drei Tramper ein zu einem Ausflug in seinem Ford

V 8 *„auf den Feldberg und über den Hirschsprung"*. Dann nahm sie ein holländisches Ehepaar mit bis Rüsselsheim, wo sie sich trennten. Mitte August finden wir Karl *„im Spessart und am Main auf der Burg Rothenfels"*. Im September führen seine Spuren ins Sauerland. Franz Ebben berichtete im Seligsprechungsprozess, dass er mit Karl Leisner vierzehn Tage im Sauerland verbrachte. Er erinnerte sich, dass es für Karl Leisner damals ganz klar feststand, *„dass er Priester werden wollte"*. Möglicherweise war er nach der Allgäufahrt auch noch in Oldorf im Oldenburgischen bei seinem Kursgenossen Heinrich Enneking.

Vor Jahresende ist in Münster Priesterweihe im Dom für den anstehenden Weihejahrgang. Mutter Ruby ist auch dazugekommen, denn einer der Weihekandidaten hatte in ihrem Hause gewohnt. Dann sind Weihnachtsferien. Karl taucht tief ein in die weihnachtliche Stimmung in Elternhaus und Familie. Mit guten Wünschen und den großen Erwartungen der Seinen für das ‚Weihejahr' 1939 kehrt er nach Münster zurück. Er weiß und ahnt wohl nicht, dass dieses Weihnachten sein letztes war daheim im vertrauten Familienkreis, und dass er das Elternhaus in diesem neuen Jahr zum letztenmal in seinem Leben und nur für wenige Stunden noch einmal sehen wird. In seinem Tagebuch lässt er an seinem Ringen in diesen Wochen in bewegender Weise teilnehmen. Die Nacht vor Mariae Lichtmess lässt ihn die ganze Härte seines Verzichtes noch einmal durchleiden. Tief bewegt ihn der Tod von Pius XI am 10. Februar 1939. Die Wahl Pius XII begrüßt er begeistert: *„Die Tränen der Freude kommen mir."* (02. März 1939).

Die Subdiakonatsweihe steht vor der Tür. Sie ist für Karl selbst die letzte und entscheidende Tür auf dem Weg zum Altar, zum Priestertum. Wenn er sie durchschritten hat, gibt es für ihn kein zurück mehr. Er will sie durchschreiten in der vollen Bereitschaft für das, was ihn erwartet und was von ihm erwartet wird und was er selbst dazulegen will. Am 17. Februar 1939 schreibt er in sein Tagebuch: *„Die Zeit verlangt dich! Es geht um das letzte Geheimnis in dir. Und das ruft dich zum Altar, zum holocaustum* (Ganzopfer; ein Opfer, das ganz verbrannt wird) *für die anderen, für dein deutsches Volk. – Ich kann und will nicht mehr anders, und koste es das Leben des Kreuzes; und das kostet es sicher mehr, als ich es aussprechen kann.“*

Am 04. März wird er zum Subdiakon geweiht. Er kann dazu schreiben: *„Alle Verzagtheit und Anfechtung ist dahin. Das Lebensopfer wird gebracht in Gottes Kraft und Gnade und im Mut des aufgeschlossenen Herzens, das sich jetzt ohne zu fackeln dem Liebesbrande Gottes weiht.“*

Am 11. März 1939 sind die Subdiakone Leisner, Tenhumberg und Wesemann von Münster zu einem Abstecher in Nijmegen/Holland und hören dort Professor Titus Brandsma, einen Karmeliten, der am 19. Juni 1942 ins KZ Dachau eingeliefert werden und dort am 26. Juli 1942 sein Lebensopfer vollenden wird. Papst Johannes Paul hat ihn als Märtyrer seliggesprochen.

In großer Freude und innerer Gelöstheit empfängt Karl Leisner am 25. März 1939 mit über 60 Weihekandidaten seines Weihekurses durch Bischof Clemens August die Diakonenweihe. Das Festgeheimnis des Tages – es ist Mariä Verkündigung – hat es ihm seit langem schon angetan. Am gleichen Weihetag noch schreibt Karl Leisner einen Brief an seinen ehemaligen Schulkameraden Jupp Vermeegen, der am darauffolgenden Tag die Priesterweihe empfangen durfte. Jupp Vermeegen hatte Karl 1933 nach Schönstatt mitgenommen. Karl sendet ihm Glückwünsche im Gedenken an *„viele frohe und ernste Stunden des Gespräches und des gemeinsamen Lebens“* und nennt dabei besonders auch *„die herrliche Gymnasiastentagung in Schön-*

statt, der ich soviel an Gnade und Berufung verdanke“. Dann fährt er fort: *„Heute Morgen bei unserer so schönen Diako-natsweihe im Hohen Dom durch die Hand unseres geliebten Bi-schofs war ich in Gebet und Mitfreude bei Dir. Die Haltung des Fiat, des gläubigen herrlichen Ja der ancilla Domini* (Magd des Herrn) *möchte ich Dir als Gottesgeschenk für diese besonderen Gnadentage wie für Dein ganzes priesterliches Leben wünschen und erbeten.“*

Am selben 25. März 1939 sprach auch Pater Kentenich vor Marienschwestern in Schönstatt über das Fiat der Gottes-mutter, das nach einem Wort von P. Peter Lippert SJ wie ein Blankoscheck sei, eine Blankounterschrift, die Maria in der Verkündigungsstunde Gott gegeben hat. Daran entzünde-te sich für die Schönstattfamilie der Plan, der Gottesmut-ter in Schönstatt am 18. Oktober 1939 zum 25-jährigen Gründungsjubiläum als Jubiläumsgeschenk Blankovoll-macht zu geben. Dieser Vorschlag zündete auch in der Schönstattgruppe von Karl, die auf der Suche nach ihrem Gruppenideal zu ähnlichen Überlegungen gekommen war. So war Karl in ganz eigenartiger Weise auch für die nächste Etappe der Führung Gottes auf seinem Weg vor-bereitet. Karls Gedanken waren jetzt ganz ausgerichtet auf die bevorstehende Priesterweihe und auf sein Priesterwir-ken vor allem unter der Jugend mit allen Kräften und Fähigkeiten des Verstandes, des Willens und des Herzens – eines Herzens, das nun vorbehaltlos Christus gehörte. Doch: Der Mensch denkt und Gott lenkt.

Opfern – und geopfert werden

Karls Münsteraner Schönstattgruppe (August 1939)

„Jetzt heißt's hier:
Stille halten und ein frohes Herz bewahren."

Der neugeweihte Diakon schrieb am 15. April 1939 an seinen Großvater: *„Am Karfreitag durfte ich zum ersten Mal das Amt ausüben: Unserm lieben Vater Bischof durfte ich bei der feierlichen Handlung im Dom als Diakon beistehen."* Noch wusste Karl nicht, dass aus dem „Mitfeiern der Erinnerung an Leiden und Tod unseres Herrn" bald ein lange währendes Mitvollziehen werden würde. Sein Blick war auf den 23. Dezember gerichtet, an dem er in Münster zum Priester geweiht werden sollte. Auch daheim begann man sich für diesen Tag zu rüsten und sich rechtzeitig dafür neu einzukleiden. Karls Freunden entging es nicht, dass Karl zunehmend unter Schlappheit und hartnäckigem Husten litt. Bernd Leusder aus der Schönstattgruppe empfahl dem Freund eindringlich, den Facharzt aufzusuchen. Kurz vor Pfingsten begab sich Karl zum Lungenspezialisten Dr. Theben. Das Untersuchungsergebnis war alarmierend: Offene Lungentuberkulose an beiden Lungenflügeln. Karl muss sofort den Seminaraufenthalt abbrechen. In einem Lungensanatorium in St. Blasien im Schwarzwald, dem Fürstabt-Gerbert-Haus, wird ein Platz für ihn bereitgestellt. Gegen Ende der Pfingstwoche nimmt Karl Abschied von seinem Regens Francken und vom Priesterseminar und fährt nach Hause. Zum letztenmal in seinem Leben ist er daheim in Kleve. Am 4. Juni, dem Dreifaltigkeitssonntag (später meinte sein Vater es sei am 05.06. gewesen), bricht er von dort auf *„zur großen Odyssee"*, wie er zwei Jahre später aus dem KZ Dachau schreiben wird. Im Rheintal unterbricht er seine Reise und fährt nach Schönstatt zu einem Besuch im Kapellchen der Mta. Dort erneuert er seine Weihe. Was er der Mta zu sagen hatte, ist bei Pater Pies in der ersten Leisnerbiographie wie folgt festgehalten: *„Himmlische Mutter, ich lege alles in deine Hände. Wenn du* *weißt, daß ich ein guter Priester werden kann, dann hilf, dass ich gesund werde und das Ziel erreiche. Wenn du siehst, daß ich ein schlechter Priester werde, dann laß mich vorher sterben."* (S. 97). In Freiburg reicht es noch zu einem kurzen Besuch im Haus der Familie Ruby. Gertrud Ruby erinnerte sich später noch, wie Karl mit seiner Gitarre vor dem Haus stand. Elisabeth war damals bei Verwandten in Lückerath in der Eifel. Am 06. Juni schrieb ihr Karl einen ersten Gruß aus St. Blasien. Im Schreiben heißt es: *„...Gott hat mich hierher auf Reise geschickt... Jetzt heißt's hier: Stille halten und ein frohes Herz bewahren. Es wird einige Monate dauern, bis es ausgeheilt ist. Hoffe aber, dass die Weihe Weihnachten sein kann."* Karl kam in St. Blasien in ein Nebengebäude des Sanatoriums, in das sogenannte Waldhaus. Einer der Zimmerkollegen ist ein Kaplan Stein aus der Diözese Limburg. Vinzentinerinnen aus dem Mutterhaus der Barmherzigen Schwestern in Freiburg versahen den Krankendienst. Der junge Diakon nahm gerne an ihren Gottesdiensten teil und spielte dabei zuweilen das Harmonium. Dabei sah man Karl zumeist im Talar. Karl mag sehr bald bemerkt haben, dass es unter den Patienten auch solche gab, die den „Schwarzen" nicht gut gesonnen waren. In den politischen Gesprächen war Vorsicht geboten. Mit seinen Zimmerkollegen sprach Karl ganz unbekümmert. Jeder wusste, wie der andere eingestellt war. Die Schwestern freuten sich darüber, dass Karl bald die Sympathie der jüngeren Patienten gewonnen hatte und dass er den Mitpatienten mit seiner Gitarre manch frohe Stunden bereiten konnte. Bald fanden auch erste Besucher zu dem abgelegenen Ort. Schon gleich im Juni tauchte Kaplan Bernhard Burdewick bei ihm auf, der seine Münsteraner Schönstattgruppe im Bundesnoviziat begleitete. Jugendfreunde verirrten sich in die Schwarzwaldhöhen von St. Blasien. Mutter Ruby und andere Bekannte aus Freiburg kamen zu Besuch. Am ersten Oktober kam aus Bad Cannstatt sein Bruder Willi.

Zu den frohen kamen auch einsame und aufregende Tage. Am 06. August wurden 32 Diakone aus Karls Weihekurs in Münster zu Priestern geweiht, unter ihnen beste Freunde. Er konnte nicht dabei sein. Dann brach der Krieg aus. Ein junger Mitpatient Johannes Krein verkraftete es nicht, als er von der Evakuierung seiner Frau aus Saarbrücken hörte. Nach einigen Wochen in der Nervenklinik in Freiburg wurde Krein wieder ins Sanatorium aufgenommen und zu Leisner ins Waldhaus gelegt. Der Chefarzt erhoffte sich einen beruhigenden Einfluss von Leisner auf Johann Krein. Als beide später ins Haupthaus verlegt wurden, kam Krein in das Zimmer neben Karl Leisner mit gemeinsamem Balkon.

Ein Tag großer Einsamkeit wurde für Karl der 23. September. Gleich nach Kriegsausbruch hatte Bischof Clemens August von Münster den Weihetag vom 23. Dezember auf den 23. September vorverlegt. Er musste befürchten, dass viele der Weihekandidaten zum Militär eingezogen würden. Karl Leisner konnte am 23. September aber noch nicht mit an den Weihealtar treten. An diesem 23. September 1939 schrieb Karl an Kaplan Bernhard Burdewick aus seiner Münsteraner Schönstattgruppe:

„...Ja, es konnte einem tatsächlich einmal einsam werden, und ich hab mich doch manchmal stundenweise in der Trübsal befunden, aber da ist mir immer wieder das wunderbare Psalmwort aus dem 4. aufgestiegen ‚in tribulatione dilatasit mihi' (Du hast mir Raum geschaffen, als mir angst war) *– und selten hab' ich das nachfolgende ‚miserere mihi'* (sei mir gnädig) *so lebendig gebetet wie hier zu Zeiten. – Wenn's wirklich einmal ganz düster wurde, dann hab' ich mich ins Kapellchen gekniet* (gemeint geistigerweise in Schönstatt) *und die Mta kindlich angefleht um ihren mächtigen, mütterlichen Schutz. Überhaupt hat der Besuch auf der Herreise bei ihr das Tiefste diesen Tagen aufgeprägt...“*

Aus Münster hatte Karl die Zusicherung, dass er am 23. Dezember allein zum Priester geweiht werden kann. Noch im Oktober konnte der Chefarzt des Sanatoriums Karl mitteilen, dass der Genesungsprozess soweit vorangeschritten sei, dass er ihn entlassen könnte. Er empfahl ihm aber und bot ihm an, noch einige Zeit zu bleiben, denn die Nebel in seiner Heimat wären seiner Gesundheit nicht zuträglich. Karl nahm das Angebot gerne an und entschied sich, noch zu bleiben.

In St. Blasien im Schwarzwald (01. Oktober 1939)

„...Ich wurde von Mitpatienten angeschuldigt, woraufhin mich die Gestapo in Schutzhaft nahm"

Es war Donnerstag, der 09. November 1939. Schwester Maturina feierte Namenstag. Früh um 6 Uhr war Schwesternmesse. Karl Leisner spielte Harmonium. Zum Schluss intonierte er ein Lieblingslied des Namenstagskindes: „Maria, breit den Mantel aus,..." Dann begab er sich in sein Zimmer 201. Dorthin wurde ihm das Frühstück gebracht. Lauter als sonst war auf den Fluren in dieser Frühe der Radiolärm. Karl schnappte erste Nachrichten auf über ein Attentat auf Hitler. In Gedanken versunken saß er am Frühstückstisch. Da stürmte Krein, sein Zimmernachbar herein: „Hast Du gehört? Gestern Abend wurde ein Attentat auf Hitler verübt. Es gab acht Tote und viele Verletzte. Hitler war glücklicherweise schon auf dem Weg zur Rückreise, als im Bürgerbräukeller die Bombe explodierte." Krein kannte die Einstellung von Karl Leisner. Aber dessen Reaktion schockierte ihn doch: *Schade, daß er nicht dabei war.* Zehn Minuten vor der Explosion hatte Hitler den Saal verlassen – vorzeitig, denn dichter Nebel hinderte die Rückkehr nach Berlin mit dem Flugzeug. Er musste den Zug nehmen, der um 21.31 Uhr abfuhr. Gegen 20.45 Uhr – also noch vor der Bombenexplosion – war in Konstanz der Attentäter Georg Elser festgenommen worden. Er hörte aus einem Haus an der Grenze die Übertragung der Hitlerrede und war den Grenzern aufgefallen. Krein verließ fassungslos das Zimmer von Leisner. Andere Zimmernachbarn sprachen auf der Terrasse über das Attentat. Man war allgemein erleichtert darüber, dass Hitler nichts passiert war. Den anderen fiel auf, wie einsilbig der sonst redselige Krein war. „Was meinst Du denn dazu?" – wollte einer wissen. Da gab er zur Antwort: „Nicht alle denken so wie Ihr und ich" und wies mit dem Kopf auf das Zimmer von Karl Leisner. „Was hat der gesagt?" wollte ein Mitpatient aus der Gegend von Magdeburg von Krein wissen. Krein zögerte, doch der andere drängte, und Krein plauderte aus, was Leisner zu ihm gesagt hatte. Der Magdeburger verschwand im Nu von der Terrasse. Minuten später sah Krein ihn auf der Straße Richtung St. Blasien. Er rief ihm nach, doch der ging weiter. Da lief er ihm nach, um ihn von seinem Vorhaben abzuhalten. Doch der sagte: „Wenn Du nicht mitgehst, bist Du auch dran." Da ging Krein mit dem Magdeburger zum Ortsgruppenleiter Adolf Wehrle und bestätigte dort Karls Aussage. Wehrle informierte den Kreisleiter von Neustadt, Benedikt Kuner, gebürtig aus Schonach im Schwarzwald. Knapp zwei Stunden später erscheint dieser mit zwei Gestapobeamten im Fürstabt-Gerbert-Haus.

Karl Leisner wurde heruntergerufen in das Geschäftszimmer, das zugleich Bücherei war für die Patienten. Er trug noch seinen Talar. Sogleich begann das Verhör. Schwester Marcella, die im Laboratorium arbeitete, sollte das Protokoll schreiben. Doch die Oberin des Hauses hatte den Mut, es ihr nicht zu erlauben. So rief man nach der bisherigen Sekretärin des Chefarztes, Fräulein Eckfellner, die seit Kriegsbeginn in einem anderen Haus arbeitete, das Militärlazarett geworden war. Gegen 10 Uhr war das Verhör zu Ende. Karl Leisner war zu seiner Aussage gestanden.

Sieben Jahre später schilderte Krein in einem Bericht an P. Pies, wie er die Verhaftung von Karl Leisner miterlebt habe: „Dass mir seine Inhaftierung furchtbar war, brauche ich nicht zu schildern, das sahen alle, die um mich im Geschäftszimmer des Hauses herumstanden. Es war mir dann noch Gelegenheit geboten, mich von H. Leisner allein zu verabschieden. Der Schreck saß mir, als ich mich ihm in der Kurhalle näherte, dermaßen in den Gliedern, dass ich mich kaum bewegen konnte. Er drückte mir feste die Hand, sagte, als er mein totbleiches Antlitz sah, ich solle es nicht zu sehr zu Herzen nehmen, gab mir jedoch zu verstehen, dass er das Schlimmste befürchte..."

Beim Seligsprechungsprozess berichtete der Chefarzt, Obermedizinalrat Dr. med. Ernst Melzer: „Herr Leisner wurde gerufen, und es wurde ihm in meinem Beisein eröffnet, dass er wegen seiner Äußerung verhaftet sei und seine Sachen sofort packen müsste. Ich erhob energisch Einspruch, zu dem ich mich als sein Arzt verpflichtet fühlte und erklärte, dass bei dem jetzigen Stand der Tuberkulose die Verlegung in ein Gefängnis sich verheerend auswirken müsse. Darauf Kuner (der Kreisleiter): ‚Das lassen Sie meine Sorge sein, für Sie wird die Angelegenheit auch noch Folgen haben.' Es fiel auch das Wort von dem ‚klerikalen Nest', das ausgehoben werden müsse. Karl Leisner bat den Kreisleiter in meinem Beisein, er möchte vor dem Abtransport noch eine Beichte ablegen, was aber Kuner barsch abwies." Trotz seines energischen Auftretens habe der Chefarzt aber noch am selben Tag die Haftfähigkeit von Karl Leisner bescheinigt. Karl wurde abgeführt. Sein Talar kam an die Schwestern zurück. Er war etwas verschmutzt. Karl hatte sich offenbar übergeben müssen. Am Abend schlossen sich hinter ihm die Gefängnistore in Freiburg, mit dem ihn seit 1936 so viele Erlebnisse verbanden, – in der Johanniterstr. 8.

„Ich bin vollkommen ruhig, ja froh..."

Am Abend des 09. November 1939 beginnen für Karl Leisner in einer Krankenzelle im Freiburger Gefängnis fünfeinhalb Jahre der Unfreiheit. Später wird er seinen Eltern schreiben: *„Die Krankenzelle ist geräumig, hell und luftig."* Doch an diesem ersten Abend umhüllt ihn Dunkelheit und bedrückt ihn die Enge. Das Personal ist noch vorsichtig und zurückhaltend dem Neuen gegenüber. Er hat sein Brevier bei sich und sein Messbuch. Ebenso etwas zum Schreiben. Am 13. November beginnt er mit Niederschriften, zunächst auf leeren Seiten im Brevier.

Aus der ersten Niederschrift erfahren wir, was ihn bedrückt und was ihm Halt gibt. Aus dem Gedächtnis schreibt er drei Strophen aus einem Kirchenlied:

> *„Wir sind nur Gast auf Erden und wandern ohne Ruh'*
> *mit mancherlei Beschwerden der ewigen Heimat zu.*
> *Die Wege sind verlassen und oft sind wir allein –*
> *in diesen trüben Gassen will niemand bei uns sein.*
> *Doch einer gibt Geleite, das ist der Herre Christ!*
> *Er steht uns treu zur Seite, wenn alles uns vergisst!"*

Am 14. November kommt er von einer sogenannten Vorführung bei der Gestapo in der Engelgasse zurück. Das strenge kalte Gesicht des Gestapobeamten schreckt ihn nicht. Er ist längst wieder fähig, dahinter den Blick eines anderen zu entdecken. Er schreibt in sein Buch: *„...Ich bin vollkommen ruhig, ja froh; denn ich bin mir meines reinen Gewissens und sauberer Gesinnung bewusst. Und wenn ich vor Gottes klarem Richterblick bestehen kann, was können Menschen mir dann schon antun.! Gott, ich danke Dir für alle Wohltaten, die Du so reichlich über mich ausgegossen. Ja, ich danke Dir für die Tage der schweren Krankheit, und jetzt wiederum für die Tage der Unfreiheit und Gefangenschaft. Alles hat seinen*

Sinn. Du meinst es überaus gut mit mir." Und dann schreibt er eine Bitte nieder, die fünfeinhalb Jahre später auch einmal seine letzte Bitte sein wird und sein letztes Wort, das er dem Tagebuch anvertraut: *„Aus ganzem Herzen bitte ich Dich für alle, die mir nicht gut gesinnt, und bitte Dich um Verzeihung für sie. Vor allem aber verzeihe mir armem Sünder alles, was ich je Dir oder einem Menschenbruder zuleide tat. Reinige mich von aller Schwachheit und Sünde...*"

Immer heller beginnt das Licht aufzustrahlen in seiner Seele. Er verfasst eine „Denkschrift an die Gestapo." Im Breviergebet, besonders im Gebet der Psalmen, kommt sein Herz zur Ruhe: *„Selten noch betete ich die Psalmen... mit solchem inneren Verständnis und inniger Andacht. Gottes Gnadenführung ging mir gläubig und strahlend dankbar auf wie noch nie. O herrliche Zweisamkeit, o allerheiligste Dreifaltigkeit! Jubel, Dank, freudige Anbetung Dir jetzt und in Ewigkeit.*"

Am 17. November schreibt er: *„Noch nie waren mir die himmlischen Dinge so nahe und vertraut! Die Tage äußerer Unfreiheit sind herrliche Tage des inneren Freiwerdens für Gott, der allein der Hort und die Burg der Freiheit ist...*" Neu und tiefer erwacht die Sehnsucht nach der Priesterweihe und die Hoffnung, auf Weihnachten doch noch zum Priester geweiht zu werden. Er notiert am 18. November: *„Die Samstagabendglocken läuten mir die Heimat ins Gemüt. O, liebe liebe Heimat, wann sehen wir uns wieder! Ob ich am Stefanstag als Priester das hl. Opfer bei Dir, für Dich feiern kann? Gott allein weiß es. Sein heiliger guter Wille geschehe. Gestern Abend begann ich eine Novene zur Mta um liebevolles Sichlösen der Dinge als Opfer für unsere Jugend, unser Deutschland und das Reich Gottes. Adveniat!*" Er bekommt die Möglichkeit, im Gefängnis an der heiligen Messe teilzunehmen und zu kommunizieren. *„Privatunterricht beim Lieben Gott möchte ich diese Tage nennen, Höchste Schule!...*" schreibt er am 19. November, dem Namenstag seiner jüngsten Schwester.

Über die kleinsten Dinge kann er sich freuen: Über den Sonnenaufgang, den er durch die Gitter der Zelle erlebt. Über den Gesang eines Rotkehlchens. Über ein Paket von Elisabeth Ruby, das man ihm aus dem Sanatorium in St. Blasien nach geschickt hat. Sie hatte ihm ein Zingulum für seine Priesterweihe gewebt. Selbst die Begegnung mit einem Gestapobeamten am 24. November erlebt er wohltuend: *„...Erfreulich sachlich! Ein feiner ruhiger Mann. – Deo gratias!"* (Gott sei Dank) Aus der Heimat kommt ein erstes Paket, Butter und Speck. Mit Gottvertrauen beginnt er den neuen Advent *„mit unermeßlichem Gottvertrauen"*, schreibt er (seit dem 22. November finden sich die Notizen im Messbuch). Er beginnt den Advent in der Haltung der Gottesmutter: *„Christus, Dir mein Leben ohne Vorbehalt. Was Du mit mir machst, Du allein sollst es bestimmen. Fiat! ..."*

Es geht Weihnachten entgegen. Karl wird sich klar, dass es ein Weihnachten hinter Gittern werden wird. Aber nicht ein Weihnachten ohne Freude. In den Tagen vor dem Fest bringt ihm die tapfere Mutter Ruby eine Weihnachtskrippe, ein *„Kripple, das Rubys Buben mir gefertigt"*. Davor kniet er anbetend in der heiligen Nacht und schreibt andern Tags ins Missale: *„Eine ganz herrliche Weihnacht."* Am 28. Dezember bekommt er überraschend Besuch vom Neupriester Bernhard Ruby und dessen Mutter. Am Sonntag Gaudete ist Bernhard im nahen Freiburger Münster zum Priester geweiht worden, an einem 17. Und am Stefanstag hat er Primiz gefeiert. Jetzt bringt er dem gefangenen Karl seinen Primizsegen.

Anfang Januar kommt Karls Mutter ins Gefängnis, mit Tante Maria, der Schwester seines Vaters. Die Begegnung geschieht unter Aufsicht. Die Eltern tun das Erdenkliche für Karls Freilassung. – Mhc – die Gottesmutter wird sorgen, darauf setzt er sein ganzes Vertrauen.

„...fasse Dich,wie auch ich mich gefasst habe, nel spiritu del schecco bianco'."

Karl Leisner ist gleich nach dem zweiten Weltkrieg europaweit bekannt geworden durch das einzigartige Ereignis seiner Priesterweihe im Konzentrationslager. Weniger spektakulär und weiteren Kreisen fast unbekannt blieb das innere Geheimnis seiner christlichen Strahlkraft und seines unerschütterlichen sieghaften Festhaltens an seiner priesterlichen Berufung. Das war gewiss in erster Linie eine ganz außerordentliche Gnade und Hilfe von oben. Dafür war ganz gewiss auch eine gottgeschenkte natürliche Voraussetzung seine frohe und idealempfängliche Veranlagung. Dazu kommt aber auch ganz entscheidend sein Eingebundensein in seine Schönstattgruppe und das gemeinsame Streben dieser Gruppe nach der Ganzhingabe an die Mta und durch sie an den Dreifaltigen Gott, zunächst im Sinne der sog. ‚Blancovollmacht'. Dafür sind vor allem die noch erhaltenen Briefe aus dem Gefängnis und KZ an seinen Gruppenführer Heini Tenhumberg ein beredtes Zeugnis.

Ein erstes unübersehbares Zeugnis ist sein erster Gruß aus dem Gefängnis in Freiburg an Heini Tenhumberg und durch diesen an die Gruppe. Karl beantwortet am 15. Dezember 1939 einen Kartengruß von Tenhumberg, der ihm von St. Blasien aus nach Freiburg nachgesandt worden war. Karl schreibt:

„Mein lieber Heini! Aus dem lieben alten Freiburg, unserer alten Studentenstadt – seligen Gedenkens! –, Dir einen ganz zünftigen, frohen Brudergruß. Ich weile hier – welch plötzliche Veränderung – seit 9. XI. abends – in carcere (im Gefängnis). Also erschrick bitte nicht allzusehr und fasse Dich, wie auch ich mich gefasst habe ‚nel spiritu del schecco bianco'! Ich wurde von

Mitpatienten angeschuldigt, woraufhin mich die Gestapo in Schutzhaft nahm. Nachdem man mich von St. Blasien hierher befördert hatte, führe ich nun hier als Euer frater absens, aegrotus captivusque (abwesender, kranker und gefangener Bruder) *ein ,monadenhaftes Dasein mit eremitischem Einschlag'. Die 6. Woche beginnt heute schon. Die Zeit ist Dank der Hilfe Gottes schön und gut und nützlich verbracht worden...* ,Nel spiritu del schecco bianco' = im Geist des Blankoschecks. Seitdem Karl nach Rom gepilgert war, gebraucht er gerne gelegentlich italienische Worte, unbekümmert um grammatikalische Richtigkeit. Humor spricht aus diesen Zeilen, aber auch schon eine gewisse Tarnung und Verharmlosung vor der Zensur.

Mit dem Wort vom Blankoscheck erinnert Karl an ein Ereignis, das knapp zwei Monate vorauslag. Am 18. Oktober 1939 feierte die Schönstatt-Bewegung das 25- jährige Jubiläum der Gründung Schönstatts. Das Jubiläumsgeschenk an die Gottesmutter sollte die Erneuerung der Weihe in der Haltung der ,Blankovollmacht' sein, der Nachvollzug ihrer Hingabe an Gott in der Verkündigungsstunde, die sie in den Worten ausgesprochen hat: Fiat – mir geschehe nach Deinem Wort. Karls Gruppe hat diese Weihe mitvollzogen am 18. Oktober 1939. Einige wenigstens waren an diesem Tag in Schönstatt mit dabei. Andere haben im Geiste mitgetan. So Karl in St. Blasien. Daran erinnert er die Gruppe am 02. Oktober 1943 aus dem KZ: *„...am 18. sind' s 4 Jahre, dass ihr daheim versammelt wart und alles blank machtet. Damals konnte ich nur im Geiste mittun..."* Karl hat also mitgetan, mitvollzogen. Am 22. April 1944 schreibt er, dass er am 25. März ganz bei seiner Gruppe war: *„Weihe und Vollmachterneuerung..."* Im Nachlass von Tenhumberg findet sich ein Gebet, das die Gruppe Tenhumberg (auch Kurs genannt) für diesen 18. Oktober 1939 wohl formuliert hatte:

„Liebe Dreimal wunderbare Mutter von Schönstatt! Der Kurs Münster 1939 dankt Dir seine Berufung zum Priestertum und zum (Priester-) Bund. In Dankbarkeit geben wir Dir Gewalt und Vollmacht über uns; tue mit uns, was Du willst und wie Du es willst. Sende uns vom Altar in den Alltag und lass uns leben nach dem Gesetz: Sacerdotem oportet offerre."

Wie reagierte Karls Gruppe auf die Nachricht von seiner Verhaftung? Die Gruppe hatte eine Art Noviziat begonnen zur Vorbereitung auf den Priesterbund. Kaplan Bernhard Burdewick begleitete sie dabei. Er schrieb am 16. Dezember 1939 an die Gruppe:

„Liebe Freunde,
Ihr habt doch sicher nicht vergessen, was uns alle vor 3 Wochen so sehr erschütterte, dass unser Karl, der schon seine Heimreise antreten wollte, nun doch noch warten muss, und sich einstweilen in Freiburg aufhält.
Sacerdotem oportet offerre! Dieses Wort, von Euch mir verschiedentlich genannt als Inbegriff dessen, was Euch als junge Priester zutiefst bewegt, geht mir immer nach. Und ob ich will oder nicht, immer verschiebt sich der Gedanke und das Wort ein wenig: Sacerdotem oportet offerri! Es ist mir, als wollte der lb. Gott selbst von Anfang an die Zügel des Noviziates liebevoll, aber fest in die Hand nehmen und, damit es nicht überhört werde, es Euch durch das Beispiel des einen überlaut zurufen: Opferer und Geopferter muss der Priester sein, wenn er ganz Christus darstellen will.
Ich weiß nicht, ob Ihr ähnlich wie ich empfindet. Jedenfalls werdet Ihr mit mir darin einig sein, daß diese überaus harten Ereignisse im Leben unseres Karl für unsere ganze kleine Familie, für jeden einzelnen ihre große Bedeutung haben. Nur so können wir uns den lieben Vater im Himmel denken, in allem will er unser liebevoller Erzieher sein.

Ich möchte natürlich mit solcher Sinndeutung nicht über die rauhe Wirklichkeit hinwegtäuschen. Wir alle werden wohl ein echtes Mitgefühl mit Karl empfinden. Wie ich Euch versprochen, bin ich nach Kleve gefahren, um seine Eltern zu treffen und ihnen durch den Beweis unserer Anteilnahme ein wenig Trost zu geben. Ich habe sie leider nicht angetroffen..."

Burdewick kann dann der Gruppe noch Einzelheiten über das Befinden von Karl und andere Umstände mitteilen. Er hatte sich bei einem Mitpatienten nach Karl erkundigt. Andere Einzelheiten konnte ihm Pater Kastner mitteilen, der Karl von Theologentagungen her kannte und der gerade in Freiburg zu tun hatte: Karl „hat einstweilen ein Krankenzimmer allein, ist auch guter Dinge, wie wir von seinem Krankenwärter erfuhren, – andere können wegen seiner Krankheit nicht zu ihm mit Ausnahme des Ortspfarrers... Er bekommt auch Post. Kann täglich kommunizieren oder zweitägig. Für ein Paket mit Speck ist er immer empfänglich. Etwas hat es ihn zuletzt psychisch doch mitgenommen, aber er fasst sich dann bald wieder..." So P. Kastner.

Dann verteilt Burdewick noch Aufgaben: Den Heinrich Enneking bittet er, sich für die Lösung der Speckfrage einzusetzen. Tenhumberg gibt er die Anregung, zu den Eltern nach Kleve zu fahren. Die ganze Gruppe bittet er, für Karl die O- Antiphonen als Novene zu beten. In einem nächsten Brief vom April 1940 schreibt Burdewick der Gruppe eine Meditation über die Blankovollmacht. Josef Brink, der schon beim Militär ist und in Schönstatt Besuch machen konnte, übernahm die Versendung dieses Briefes. Karl war zu dieser Zeit bereits im KZ Sachsenhausen. Im Blick auf seine ungewisse Zukunft, die damit schon ein Stück begonnen hatte, schrieb er am 15. Dezember 1939 an Tenhumberg: *„Ob mir das Christkind die Freiheit beschert oder was kommt, weiß ich genau so wenig wie Du. Also wollen's ganz ge-*

trost dem guten Vater im Himmel und unserer lieben Mta und der Gestapo überlassen, wie's wird. Es wird schon recht werden. Hier und da fällt's einem schon mal nicht leicht, durch die Gitterstäbe den Himmel anschauen zu müssen – und was Gott damit will, denkt man schon mal in seinem Spatzenhirn ... aber meine Gesamtlage ist – vor allem seelisch – frisch und froh. Ich lerne hier sehr vieles und nütze jede Minute. Du kennst mich ja, und kannst Dir's denken, wie ich's mache."

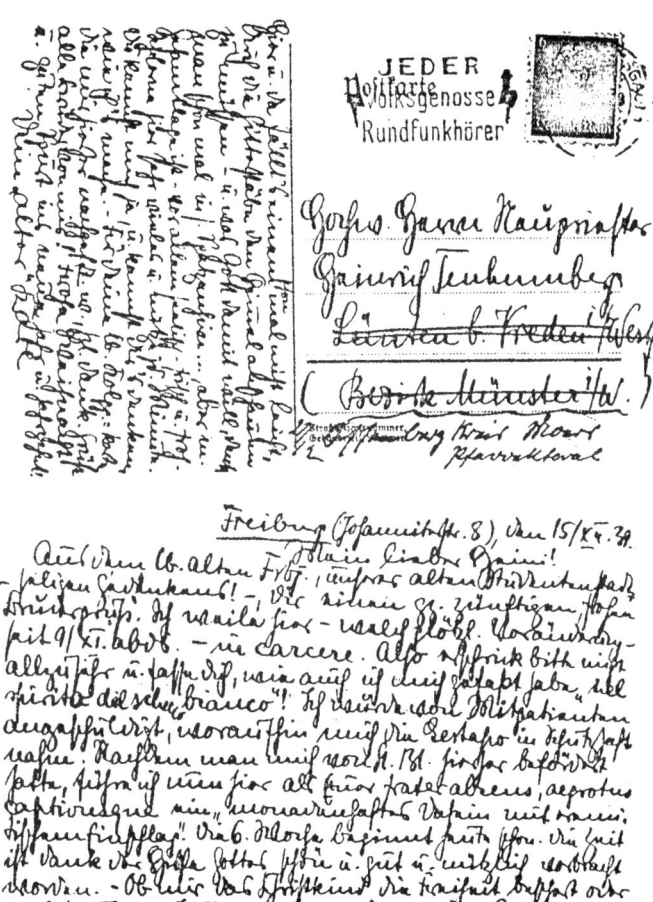

Aus dem Gefängnis in Freiburg (15.12.1939)

„...wollen's ganz getrost dem guten Vater im Himmel und unserer liebenMta und der Gestapo überlassen, wie's wird..."

Am 12. Februar 1940 schrieb Karl Leisner seinem Freund Bernd Leusder aus der Schönstattgruppe, dass er in der kommenden Woche aus dem Gefängnis in Freiburg verlegt werde, wohin wisse er aber noch nicht. Nur ein Jahr später ereilte Bernd ein ähnliches Schicksal wie Karl. Als Kaplan in Everswinkel wurde er von der Gestapo verhört und aus Westfalen ausgewiesen. Karl Leisner wurde am 15. Februar 1940 ins Gefängnis nach Mannheim verbracht. Dort wurde er mit Tbc-Kranken zusammengelegt. Der Abschied aus Freiburg erfüllte ihn mit Wehmut. Er hatte sich an die Einsamkeit gewöhnt. Jetzt muss er sich an „Gemeinschaftshaft" gewöhnen und in innerlicher Einsamkeit die Zweisamkeit mit Gott, („*dem großen Schweiger*", wie er im Brief nach Hause schreibt) suchen. Die Mithilfe in der Pflege eines Schwerkranken und Lesung in der Lutherbibel und in einem Goetheband erhellen etwas die *„Düsternis der Unfreiheit"*. Den Vater bittet er, bei der Gestapo in Freiburg anzufragen, was eigentlich gegen ihn vorliege, und zu prüfen, ob ein Rechtsanwalt genommen werden kann. Bemerkenswert ist noch sein Hinweis an die Eltern: *„Es wird wohl ein wenig bitter für Euch sein, die Schande zu tragen, aber tragt sie bitte im selben Geiste!"* Er meint den Geist der Hoffnung, dass das Licht über die Finsternis siegen wird.

Am 06. März geht die Zeit in Mannheim zu Ende und am 16. März erreicht der Gefangenentransport mit Karl Leisner das Konzentrationslager Sachsenhausen in Oranienburg bei Berlin. Dort bekommt er die Häftlingsnummer 17520 und kommt auf den Block 58, den „Pfaffenblock". Seine Stubenkollegen in der bis zuletzt mit 200 Häftlingen belegten Stube sind neben den deutschen auch viele polnische Priester. Ältere Mitbrüder begegnen dem jungen Priesterkandidaten mit Wohlwollen und Hilfsbereitschaft. Sie wissen um seinen bedrohten Gesundheitszustand und lassen ihm manche Lebensmittel zukommen. Karl ist gefasst und versucht, das Beste aus der Lage zu machen. Er überlässt sich nicht einfach passiv dem Geschehen. Er meldet sich zu Gartenarbeit in der Hoffnung, dass dies für seine Gesundheit gut sei. Er träumt davon, sich als Sanitäter freiwillig zu melden und lässt diesen Gedanken auch die Seinen daheim wissen. Die lebendige Erinnerung an die Angehörigen daheim und an die Freunde in Kleve schenkt ihm auch in der Härte des Lagerlebens ein Erlebnis der Geborgenheit und Beheimatung. Mit wachem Interesse hört er von den Erfolgen und Bedrängnissen des Frankreich-Feldzuges. Die Nachrichten wecken seine Erinnerungen an die Flandernfahrt von 1935. Er liebt sein Vaterland, das für ihn etwas anderes ist als ein Hitlerdeutschland. Er ist der Überzeugung, dass man Deutschland von den Siegermächten nach dem ersten Weltkrieg manche unrechte Demütigung zugefügt hatte, die nun durch den Geschichtsverlauf eingeholt wurde. Zudem wusste er manche guten Freunde unter den Soldaten. Er ist aber auch bereit, aus der und in der neuen Situation zu lernen. Er ist mit polnischen Priestern zusammen, die nach dem Polen-Feldzug von den Nazis ins KZ gesteckt wurden. Dass sie auch ihren deutschen Mithäftlingen gegenüber zurückhaltend und misstrauisch und nur allzu leicht verletzlich waren, ist mehr als verständlich. Karl war ein Rheinländer. Ein Wort – auch ein forsches Wort – kam dem Jugendführer schnell von den Lippen. Wenn er eine Gymnastikgruppe zu befehligen hatte, ging es dabei eben deutsch zu. Die Polen waren ein härteres Leben gewöhnt. Er hatte sein Bett nahe beim Fenster und wurde schon einmal laut, wenn man es rücksichtslos aufmachte. Die meisten wussten ja nicht von seiner Krankheit. Aber auch polnische Mitbrüder entdeckten bald, dass dahinter nicht eine „Herrenmenschen"-Mentalität stand.

Am 29. August. wurde der polnische Seminarist Kazimierz Majdanski eingeliefert. Karl war an diesem Tag als Hilfsschreiber beschäftigt und hatte die Personalien aufzunehmen. Als er von Majdanski erfuhr, dass er Priesterkandidat sei, stellte sich ihm Karl als Diakon vor. Das hat ihm Majdanski, der spätere Bischof von Stettin nie mehr vergessen.

Vor allem meisterte Karl die neue Situation aus seinem tiefen Glauben. Mit Freude berichtete er nach Hause von der Einrichtung einer Kapelle und dass darin seit dem 05. August 1940 täglich in der Frühe die heilige Messe gefeiert werde. Er durfte als Diakon mitwirken und konnte oft die heilige Kommunion austeilen. Seine Briefe nach Hause atmen diese Gläubigkeit seiner Haltung. Allem Schönen konnte er auch hier Freude abgewinnen und diese Freude teilte er mit, seiner Umgebung, auch nach Hause. Ende April schreibt er u.a. „...Ich fühle mich gut bei dem prachtvollen Frühlingswetter, das seit 14 Tagen eingezogen ist...und so trage ich die Zeit mit gutem Mut und fröhlichem, tapferem Herzen..."

Die Schönstattbewegung ist in das Jahr 1940 mit der Parole eingezogen: „Leben aus der Blankovollmacht an die Mta für heilige Schönstattpriester." Karls Priestergruppe wollte das Blankovollmachtsjahr sehr ernst nehmen. Das ‚sacerdotem oportet offerre...' und ‚Blankovollmacht' waren Thema in den Briefen der Mitglieder von Karls Gruppe. So in den Briefen des Rekruten und Soldaten Josef Brink an Tenhumberg vom Frühjahr 1940. In jedem dieser Briefe erinnert er an Karl Leisner. So am 28. Mai 1940 aus Frankreich. Da schreibt er von dem Bemühen, „weit offen zu werden für Gottes Planen und seinen Auftrag an unsere Blancovollmacht! Wie schwer muss das erst unserem Karl (Leisner) werden." Blankovollmacht war und blieb auch das Thema Karl Leisners im Bemühen, das KZ gottgefällig zu meistern.

„Unsere gute Mutter sorgt für uns alle, für den verlorenen Sohn besonders..."

Am 13. Dezember 1940 musste Karl mit anderen Häftlingen *„die große Reise antreten"* ins KZ Dachau. Seiner Familie dankt er von dort für das Weihnachtspaket, das ihn zuvor noch erreicht und gestärkt hatte. Er schreibt *„in bester Stimmung und Gesundheit"* und schildert die *„herrliche Fahrt durch die mondhelle Schneelandschaft...im Thüringer Wald. So rechte Weihnachtslandschaft, wie im Märchen so schön."* Über Bamberg und Nürnberg erreichten die Häftlinge am frühen Nachmittag des 14. Dezember das KZ Dachau. Über die Demütigungen und Schikanen bei der Aufnahme verliert er kein Wort. Er bekommt die Häftlingsnummer 22356 und kommt mit anderen, vor allem auch polnischen Geistlichen in Block 28, 1.

Zum zweitenmal feiert Karl das Weihnachtsfest hinter Gittern. Es gab einen Wechsel von brutalen Schreien der Kommandierenden und von flotten Marschliedern auf dem Weg zum und vom Appell und von leisen innigen Weihnachtsliedern in deutscher und polnischer Sprache in dunklen Winkeln der überfüllten Stuben. Auf feierlichen Weihnachtsgottesdienst konnten die Priesterhäftlinge nur für kommende Zeiten hoffen. Die Hoffnung sollte sehr schnell konkret werden. Die Lagerleitung ließ auf Befehl aus Berlin die Stube 1 im Block 26 als Kapelle für die Geistlichen – und nur für diese – einrichten. Ein Tisch aus der Stube wurde durch vier Pflöcke erhöht und mit einer Holzrahmung versehen. Am 21. Januar 1941 sollte dann an diesem provisorischen Altar, der später einmal der Primizaltar von Karl sein wird, die erste heilige Messe gefeiert werden. Es fehlten aber noch die Hostien und der Messwein, sodass sich die Häftlinge am 21.Januar mit einer Marienandacht begnügten. Anderntags, am 22. Januar 1941 trat dann der von der Lagerleitung dafür bestimmte Priester, der sogenannte Lagerpfarrer an den Altar. Nur der dafür ernannte Lagerpfarrer durfte die heilige Messe feiern. Damals gab es noch keine Konzelebration und auch noch keine Nachmittags- bzw. Abendmessen. Außerdem musste die hl. Messe vor dem allgemeinen Aufstehen im Lager vollendet sein. Der erste Lagerpfarrer war der polnische Priester Pawel Prabucki. Er hatte zuvor schon im KZ Sachsenhausen diese Aufgabe wahrgenommen. 1941 im September wurde ihm diese Aufgabe als Kapellenverwalter entzogen. Er kam im August 1942 ums Leben. Das gleiche Schicksal erlitten zwei seiner Brüder, die ebenfalls Priester waren und Häftlinge im KZ Dachau. Nach dem Weihnachtsfest 1942 wagte ein Nachfolger als Lagerpfarrer, auch anderen Priestern die Messfeier anzuvertrauen, woraus eine bleibende Gewohnheit wurde.

Zur damaligen Zeit wurden die Priesterhäftlinge nur mit leichteren Arbeiten betraut. Außerdem durften die Häftlinge Pakete von draußen empfangen. So war das Leben für sie im Lager trotz aller Schikanen noch einigermaßen erträglich, was ihnen freilich den Neid vieler anderer Häftlinge einbrachte. Zur Arbeit der Priester gehörte das Esskübelschleppen. Sie mussten die überaus schweren Esskübel zu den einzelnen Baracken bringen. Auch Karl war dazu eingeteilt. Als man sich um seine Gesundheit wieder Sorge machen musste, sprangen gelegentlich andere für ihn ein. Freilich musste man den Capo dafür gewinnen, dass er wegschaute.

Als der Frühling herannahte, erwachte in Karl wohl die Erinnerung an die Ausflüge mit seinen Jungen hinaus in die Natur und an die Lieder, die er mit seiner Klampfe begleitete. Am 09. März 1941 schrieb er ganz offiziell an seine Familie: *"...Auch meine Gitarre mit Spielmann und Schott könntet Ihr senden (mit Ersatzsaiten)..."* Am 21. März erinnert er noch einmal daran: *„Auf die Klampfe freue ich mich."* Die Gitarre, die Karl nach St. Blasien mitgenommen hatte, ließ sich nicht auffinden. Dafür sandte man ihm die Gitarre seines Bruders Willi. Sie kam auf dem gewöhnlichen Postweg in seine Hände. Am 06. April kann er melden: *„Die Gitarre macht uns allen seit 10 Tagen Freude."* Natürlich war er es, der mit der Gitarre seinen Kameraden in der Stube und darüber hinaus manche frohe Stunde bereiten konnte.

Mit Freude dachte er auch an seine Freunde in der Schönstattgruppe, von denen die ersten schon beim Militär waren. Ganz treu meldete er jeden Monat seinen Rechenschaftsbericht an den Gruppenführer Heini Tenhumberg, und ebenso treu wurde er über alles und alle in der Gruppe auf dem Laufenden gehalten. Am 06. April 1941 sendet er allen seine *„frühlingshaften"* Grüße aus Dachau und wünscht allen ein gnadenreiches Osterfest. Dann schreibt er: *„Was macht Ihr, wo steht Ihr? Ich denke oft an Euch. Danke Euch für Euer Brudergedenken. Ich spür's jeden Tag. Unsre gute Mutter sorgt für uns alle, für den verlorenen Sohn besonders. Beim Blankoscheck bleibt's."* Am 29. Juni weiß er schon, dass Tenhumberg Sanitäter ist. Er will wissen, „an welcher Front?". Dann hat er noch eine gute Nachricht, die zugleich auch eine traurige Nachricht ist: *„Pater Fischer geht's gut. Fein! Wie dreimal wunderbar sind doch Ihre Wege."* Pater Fischer war Pallottiner und Schönstätter, ein vertrauter Mitarbeiter von Pater Kentenich. Zweimal war er von der Gestapo verhaftet worden. Das zweitemal kam er ins KZ Dachau, wo er am 06. Juni 1941 eintraf. Für Karl war es offensichtlich eine Fügung der Gottesmutter und ein Geschenk, dass sie zusammenfanden. Wie Pater Josef Fischer diese Begegnung erlebt hat, darüber berichtet dieser wie folgt: „Gleich bei meinem Eintreffen im Konzentrationslager am 06. Juni 1941...hatte ich im Lager nach Schönstättern gesucht. Ich fand aber bis dahin einzig und allein den Diakon Karl Maria Leisner. Er machte auf einige aufmerksam, die für Schönstatt interessiert waren, die entweder schon einmal bei Herrn Pater (Kentenich) einen Exerzitienkurs mitgemacht oder eine Tagung in Schönstatt besucht hatten." So bildete sich eine Gruppe von Schönstatt-Interessierten. „Getreulich jede Woche trafen wir uns. Als P. Eise ein halbes Jahr später, im November 1941, ins KZ eingeliefert wurde, übernahm er diese Gruppe." Zu dieser ersten Gruppe stieß auch Kaplan Heinz Dresbach, der am 29. August 1941 ins Lager eingeliefert worden war aus dem Ermland (Allenstein), wohin er als Kölner Priester für die Seelsorge ausgeliehen war. Dresbach war eine Zeit lang Gruppenführer der späteren Gruppe ‚Victor in vinculis' (Sieger in Ketten), zu der auch Karl gehörte. Dresbach konnte Priesterweihe und Primiz von Karl Leisner miterleben. Wie er Karl kennengelernt und in Erinnerung behalten hat, berichtete er später so: „Wenn ich ihn mir vorstelle, kann ich nur sein frohes, strahlendes Gesicht vor mir haben. Das war keine ‚gemachte' Freude, sondern kam aus dem Herzen. Er machte auch immer einen mutigen und tapferen Eindruck. Was seine Zugehörigkeit zur Schönstattgruppe angeht, so hat er darin seine große Treue bekundet..."

In einer ganz besonderen Weise durfte Karl Leisner die Sorge des Himmels für ihn im September 1941 erfahren. Es war am 19. September 1941. An diesem Tag trat eine besonders für die polnischen Geistlichen überaus schmerzliche Verfügung der Lagerleitung in Kraft. Die Deutschen auf Block 28 und 30 wurden auf Block 26 verlegt und die Polen wurden aus Block 26 ausgewiesen. Zudem durften diese von dem Tag an auch die Kapelle in Block 26/1 nicht mehr betreten und benützen. Karl Leisner kam an diesem Tag in die Stube 3 von Block 26. Am nächsten Tage wurden vom Stubenältesten, einem jungen Kommunisten aus Mannheim, die Plätze in der Stube und die Spinde neu verteilt. Karl Leisner wurde der gleiche Spind zugeteilt mit P. Otto Pies SJ, gebürtig aus Arenberg bei Koblenz und seit dem 02. August 1941 im KZ Dachau. Der 14 Jahre ältere Priester empfand große Sympathie für seinen jüngeren Spindgenossen und wurde diesem in den weiteren Jahren ein treuer Begleiter, Helfer und Freund. Auch die anderen Stubengenossen ließen den jungen frohen Rheinländer ihre Freundschaft spüren, vor allem die zahlreichen Mitbrüder aus der Diözese Münster, von denen mancher zu berichten weiß, wie sehr Karl durch sein freundliches Wesen, seine Ermutigung und durch konkrete Hilfen, zum Beispiel mit Lebensmitteln, auf Neuangekommene zuging.

Das Jahr 1941 ging seinem Ende entgegen. Hitlerdeutschland meldete große Erfolge an allen Fronten. Die Wehrmacht war tief ins Innere Russlands vorgestoßen. Die Soldaten waren für die harten Winter Russlands freilich nicht genügend gerüstet. Die Zahl der Verluste wuchs. Der überaus harte Winter sollte auch für die KZ-Häftlinge neue Schrecken bringen. Das Weihnachtsfest und die Lichter an einem bescheidenen Weihnachtsbaum erhellten ihr Dunkel. Alois Andricki, Jugendkaplan aus Dresden und im Lager ein Mitglied der Schönstatt-Interessentengruppe, hatte den Häftlingen von Block 26 auf Zeitungspapier ein schlichtes Bild von der Geburt Christi in Bethlehem für den Altar gemalt. Und Karl Leisner durfte in der Mitternachtsmesse und beim Hochamt am Weihnachtstag als Diakon mitwirken und die Frohbotschaft vom Friedensgeschenk der Geburt Christi verkünden. Doch dann mischte sich diese Frohbotschaft auch für Karl mit schmerzlichen Nachrichten. Am 29. Dzember 1941 starb in Bad Lippspringe Tonius Wissing, einer der Freunde aus seiner Münsteraner Schönstattgruppe. Tonius war Kaplan in Bocholt, wo er im Sommer 1941 schwer erkrankte und ins Krankenhaus kam. Dort erfuhr er schon Ende September von der Verhaftung Pater Kentenichs. Am 09. Oktober kam Bernd Leusder aus der Schönstattgruppe zum Krankenbesuch. Er war Kaplan in Everswinkel und wurde am 10. oder 11. Oktober 1941 von der Geheimen Staatspolizei aus Westfalen ausgewiesen. Wenige Wochen später wurde Wissing in das Marienstift in Bad Lippspringe verlegt. Dort kam er am 08. Dezember durch eine Blutung in akute Lebensgefahr. Als er wider Erwarten noch einmal zu Kräften kam, diktierte er am 26. Dezember einen Brief an Tenhumberg und die ganze Gruppe. Alle sollten erfahren, wie es um ihn stand. Er lässt sie wissen: „Als ich in diesen schwersten Tagen fühlte, dass der Ib. Gott mein Lebensopfer wollte, da habe ich ihm mein Leben angeboten für P. Kentenich, für die Aufgaben der Schönstattfamilie", für die Kirche, die Pfarrei in Bocholt und für die Angehörigen. Er bittet ausdrücklich, auch „unsern lieben Karl" zu informieren, „für den wir ja alle beten. Lasst ihn doch von meiner Krankheit wissen, daß er weiß, dass auch ich für ihn opfere und leide. – Also meine lieben Freunde: sacerdotem autem oportet offerre et offerri. –"

Noch ein anderer Freund von Karl Leisner ist an diesem 29. Dezember1941 heimgerufen worden: Kaplan Bernhard Ruby aus Freiburg, Elisabeths Bruder. Er war am Sonntag Gaudete 1939 in Freiburg zum Priester geweiht worden, wo Karl Leisner zur gleichen Zeit im Gefängnis saß. In Feodosia auf der Krim musste er Schwerstverwundete betreuen. Als die Russen am 29. Dezember 1941 die Stadt zurückeroberten, blieb Bernhard entgegen dem Befehl der Heeresleitung bei den Verwundeten und wurde mit diesen das Opfer eines fürchterlichen Gemetzels. Im März 1942 ließ Karl die Familie Ruby seine Anteilnahme wissen. Und am 7. Februar 1941 schreibt er zum Tod von Tonius an Tenhumberg und die Gruppe: *„Mit Freuden erhielt ich im Januar Tonius' letzten Gruß und seinen Ausdruck des Mitopfers. Dass er so bald das Ganzopfer des Todes bringen würde, ahnte ich nicht. Unser lieber Tonius hat seine Blankohingabe vollzogen..."*

„Beim Blankoscheck bleibt's..."

Das dritte Jahr der Gefangenschaft Karls hatte längst begonnen. Es sollte das dunkelste und einsamste Jahr seiner Gefangenschaft werden.

Das Jahr begann mit harten und langen Kälteperioden und mit viel Schnee. Es folgte langandauernder Regen. Nun wurden auch die Priester voll in den Arbeitsprozess in den verschiedensten Arbeitskommandos eingeteilt. Viele kamen in die Plantagen und waren besonders stark der Witterung ausgesetzt. Mit durchnässter Kleidung kamen die Häftlinge von der Arbeit und den oft Stunden dauernden Appellen in die überbelegten Stuben. Ihre Kleidung war ungenügend und war nicht trocken, wenn sie diese anderntags wieder anziehen mussten. Erkältungen nahmen zu. Viele erkrankten schwer. Dazu kam, dass von draußen keine Pakete mehr empfangen werden durften. Auch Karl musste seine Angehörigen darüber informieren. Im Lager selbst wurden die Lebensmittelzuteilungen auf ein Minimum reduziert. Damit war eine weitere Ursache für vielfältige Erkrankungen gegeben. Die körperliche Widerstandskraft ließ schnell nach und schon kam es unter den Häftlingen immer mehr zu gesundheitlichen Zusammenbrüchen. Und dann begann ein schlimmes Sterben, das sich monatelang hinzog. Da packte es auch Karl. Ein schwerer Husten quälte ihn Tag und Nacht. Es gab keine wärmenden Decken und auch keine Medikamente. Die Frühlingssonne ließ auf sich warten. In einer Nacht Mitte März 1942 bekommt Karl einen Hustenanfall. Ein Blutgefäß in der Lunge reißt. Die Lunge beginnt zu bluten. Vom Fieber geschwächt und von Husten geschüttelt verlässt Karl den Appellplatz und begibt sich zum Krankenrevier. Man wurde am überfüllten Revier mit Fußtritten empfangen. Für Karl war das Revier in diesem Augenblick die einzige Hoffnung. Sein altes Übel war wieder durchgebrochen. Gute Freunde machten ihren Einfluss geltend, dass er nicht in die berüchtigte Tbc-Abteilung von Block 29, 2-4 kam, in der nach Aussagen des Münsteraner Kaplans Mertens Anfang 1942 ca. 500 Tbc-Kranke ziemlich unbetreut lagen. Es dürfte der Block 9 gewesen sein, in dem er Aufnahme gefunden hat oder einer der Blöcke davor. Nur Schwerstkranke hatten die Chance, in die überbelegte Krankenstube zu kommen. Man kann sich die Enge kaum vorstellen, das tägliche Sterben, die drohende Ansteckungsgefahr. Doch hier gab es wenigstens ein Minimum an ärztlicher Betreuung und an sachgerechter Pflege. Einer der Pfleger, der in diesem Jahr nach Karl Leisner schauen konnte, war der Österreicher Franz Zuber. Er gehörte einer Ordensgemeinschaft an, die von den Nazis aufgelöst worden war. Im KZ Dachau hat er Pater Kentenich kennengelernt und hat sich der Gemeinschaft der Marienbrüder angeschlossen, die Pater Kentenich am 16. Juli 1942 im KZ gegründet hat. In einem benachbarten Block arbeitete der erste Marienbruderkandidat, der Österreicher Dr. Edi Pesendorfer. Und auch Dr. Fritz Kühr hatte ein aufmerksames Auge auf Karl. Mit ihm hatte P. Kentenich am 16. Juli 1942 die Gründung des Schönstätter Familienwerkes vollzogen. Karl sollte in den kommenden Jahren das Revier kaum mehr verlassen können. Das bedeutete für ihn, dass er auf die Nähe seiner geistlichen Mitbrüder verzichten musste. Nur ein paar Mal noch kam er in den Priesterblock für jeweils wenige Tage zurück: Als man ihn irrigerweise für geheilt hielt; und als ihn Freunde vor der Kommission aus Berlin verstecken mussten, die gekommen war, unheilbar Kranke für den Transport zur Vergasung auszusondern. Karl soll zweimal auf einer solchen Transportliste gestanden haben. Besonders schmerzlich muss es für ihn gewesen sein, dass er auf den Besuch der Kapelle und die Teilnahme am täglichen Gottesdienst verzichten musste.

Als das Sterben immer mehr um sich griff, wurde die Gruppenarbeit unter den Schönstättern eingestellt. Die Kraft reichte nicht mehr dafür. Man begnügte sich mit der Pflege persönlicher Kontakte. Nicht wenige von Karls Freunden aus der ersten Gruppe starben, zum Beispiel Kaplan Hirschfelder. Andere kamen sterbenskrank in den benachbarten Revierblock 7, so Kaplan Dresbach und Pater Fischer. Am 14. November 1942 fragt Karl seinen Freund Heini: *„Habt Ihr den Tod P. Eises gehört?"* Pater Eise, der die Gruppe ab November 1941 geführt hatte, ist am 03. September 1942 im KZ an Hungerruhr gestorben.

Die Mithäftlinge in Block 26 Stube 3 wussten sich weiter mit dem schwerkranken Karl eng verbunden. In der schlimmsten Hungerperiode trugen alle in der Stube etwas Margarine und Wurst von ihrer kärglichen Ration zusammen, um Karl das Überleben zu ermöglichen. Ebenso sorgten sie, dass er heimlich das Allerheiligste bei sich haben und fast täglich kommunizieren konnte.

Besonders auch Pater Pies hatte Karl nicht aus dem Auge verloren und tat das Erdenklichste für den jungen Freund. Über die Schwester von Pater Pies in Niederlahnstein war Karls Familie informiert, wie es um Karl steht. Sein Bruder Willi war am 20. Mai 1942 zu Besuch bei Frau Hanna Wieland in Niederlahnstein. Sie empfahl zur Intervention für Karl einen Besuch bei Inspektor Krumrey in der Verwaltung für KZ-Häftlinge im Reichssicherheitshauptamt in Berlin. Am 06. August 1942 stand Willi vor Krumrey in dessen Amtszimmer. Was er wolle, wurde Willi gefragt. Seine Antwort: „Da Karl im KZ Dachau krank sei, wolle die Familie ein Gesuch zu einer Heilbehandlung stellen, um seine Wehrfähigkeit zu erreichen" (Willi bemerkt dazu: „Dies war bei unserer Einstellung nur ein vorgeschobenes Argument"). Nach einer Schimpfkanonade über die Pfaffen sagte der Inspektor, ein Gesuch sei zwecklos. Den

Fall habe sich der Reichsführer der SS Himmler vorbehalten. Ein Gesuch an Himmler sei möglich. Auf diesen Bescheid hin stellte Vater Leisner ein solches Gesuch an Himmler. Mündlich teilte die Gestapo-Leitstelle in Kleve die Ablehnung des Gesuches mit.

Karl selbst hat in seinen Briefen an die Familie nur mit Zurückhaltung über seine Situation geschrieben, dafür mit umso größerem Interesse und herzlicherer Teilnahme für die Sorgen der Seinen. Sobald er konnte, begann er sich auch um seine Mitpatienten zu kümmern, ihnen Freude zu bereiten und ihnen, soweit es möglich war, leiblich und seelisch beizustehen. – Von vielen wusste er sich getragen, nicht zuletzt auch von den Brüdern seiner Münsteraner Schönstattgruppe.

„...Wir haben Gott sei Dank wieder bessere Nachricht."

Der Oktobermonat 1942 brachte für die KZ-Häftlinge in Dachau eine hoffnungsvolle Wende. Die Häftlinge durften sich künftig Lebensmittelpakete senden lassen. Im September erreichten die Eltern nicht sehr beruhigende Nachrichten von Karl. Am 18. Oktober kann Karls Mutter Heini Tenhumberg mitteilen, dass sie wieder bessere Nachrichten haben. Karl gehe es wieder besser und die Kost sei auch besser geworden. Neue Hoffnung keimte auf. Ein Brief an seinen Freund und Gruppenführer Heini vom 14. November 1942 zeigt auf, was Karl in diesem schweren Krankheits- und Hungerjahr gehalten hat: *„In bereiter Fiat-Haltung wollen wir den Advent beginnen."* Er wünscht allen in der Gruppe – einen jeden nennt er mit dem Namen – zu Weihnachten *„Friede und Freude im Herrn."* Dann fährt er fort: *„Dir, lb. Heini, danke ich besonders für Dein stetes, treues Gedenken beim hl. Opfer. Jeden Morgen lege ich mein Herz mit auf Deine Patene. Tonius ist jetzt bald 1 Jahr tot. Am 01./02.11. war ich mit ihm und all unsern Heiligen u. toten Freunden innig verbunden. Jeden Tag schenke ich mit Dir und euch allen und allen hier unserer Mutter. Sie hat mich wunderbar die 3 Jahre hindurch geführt..."* Und er grüßt seine Freunde *„aus frohem, glühendem Herzen!"*

Kaum war die ärgste Not des Hungers überstanden, brach im Lager Flecktyphus aus. Über das Lager wurde eine Quarantäne verhängt. Das bedeutete für den Priesterblock, dass die Priester vorerst nicht mehr zum Arbeitseinsatz ausrücken mussten. So hatten sie eine Zeit körperlicher und seelischer Erneuerung. Auch in ihren Reihen gab es Typhus-Opfer. Eines der ersten war Weihbischof Kozal. Unter den Opfern war der Kaplan aus Dresden Alois Andritzki, der zur ersten Schönstattgruppe im Lager gehörte.

Als man für den Todkranken einen Priester rufen wollte, kam dem ein ‚Pfleger' durch eine Todesspritze zuvor. Pater Kentenich durfte den Priestern im Block 26 einen Exerzitienkurs halten. Er sprach in seiner Stube 4 in Block 26 (für die Kapelle hatte er vom Lagerkaplan keine Erlaubnis bekommen) über das Thema: „Der apokalyptische Priester" und anschließend daran über das Priesterbild und das Priesterideal der Zukunft.

Auch die Fastenpredigten sollte er halten. Als er am ersten Fastensonntag seine erste Predigt begonnen hatte, wurden alle Häftlinge durch schrilles Kommando herausgerufen. Die Quarantäne wurde aufgehoben. Die Priester wurden wieder zur Arbeit eingeteilt. Für die Pflege der Typhuskranken standen nicht genug Sanitäter zur Verfügung. So kam man auf die Priester zurück, deren Einfluss auf das übrige Lager man hatte ausschalten wollen. Von denen, die sich freiwillig für den Dienst meldeten – man nahm die Jüngeren – wurden 12 ausgewählt. Unter ihnen war auch P. Otto Pies. Sicher hat er sich auch wegen Karl für diesen lebensbedrohlichen Dienst gemeldet. So hatte er legalen Zugang zum Revierblock und zu Karl. Er hat es wohl mit veranlasst, dass Karl gründlich untersucht wurde. Ein Bericht über den Gesundheitszustand hält fest: „Mai 1943 wurde er wegen Schließung des Prozesses entlassen. Pneu wurde ambulatorisch fortgesetzt. Wegen Blutsturz neuerliche Aufnahme in die Tbc. – Station nach einem halben Monat." So war Karl also für 14 Tage in den Block 26 zurückgekommen, musste aber wieder ins Revier zurückkehren. Sein Zustand war zu kritisch, und zudem war die Infektionsgefahr in der überbelegten Stube 26/3 zu groß.

Man kann sich leicht vorstellen, wie dieses Ergebnis Karl niedergedrückt haben mag. Die Rückkehr ins Krankenrevier mag ihm aber durch die Tatsache leichter geworden sein, dass künftig sein treuer Freund und Begleiter P. Pies regelmäßig an seiner Seite sein wird. Als Monate später die Priester aus dem Revierdienst wieder zurückgezogen wurden, konnte P. Pies es erreichen, dass ihm eine Sondererlaubnis für den Besuch im Revier ausgestellt wurde. P. Pies sorgte auch dafür, dass Karl immer das Allerheiligste heimlich bei sich unter dem Kopfkissen haben konnte.

Karl ließ sich nicht hängen. Er wusste sich geborgen in der Hand Gottes und auch in der Gemeinschaft seiner Mitbrüder und besonders auch seiner Schönstattgruppe. Nach Pfingsten 1943 machte Pater Kentenich Mut, das Gruppenleben wieder aufzunehmen. Zunächst sollten drei Gruppen gebildet werden, eine davon unter der Führung von Kaplan Dresbach. Dieser Gruppe hat sich auch Karl angeschlossen und er beteiligte sich am Leben der Gruppe vom Revier aus so gut er konnte. Zur gleichen Gruppe stieß auch der Kölner Kaplan Hermann Richarz, der Schönstatt erst im Lager kennengelernt hat. Er war ab November 1944 als Nachfolger von Dresbach der Gruppenführer dieser Gruppe, die sich inzwischen das Ideal ‚victor in vinculis' erwählt hatte. In einem Kondolenzbrief an die Eltern Karls vom 30. September 1945 schrieb er, wie er Karl begegnet ist: „Ich habe ihn erst in Dachau kennengelernt und zwar als er schon schwer krank war. Bewundert habe ich Karl, weil er trotz seines doppelten Leidens doch immer so froh und heiter war und ein so felsenfestes Gottvertrauen hatte."

Gehalten wusste sich Karl auch von den Freunden seiner Münsteraner Schönstattgruppe – und war ein Halt für diese. Am 2. Oktober 1943 erinnerte er an die gemeinsame Blankovollmacht in der Schönstatt-Heimat: *„Mein lieber Heini! Am 18.* (Oktober.) *sind's 4 Jahre her, daß ihr daheim wart und alles blank gemacht habt. Damals konnte ich nur im Geiste mittun* (er war im Sanatorium). *Inzwischen hat jeder in den vier langen Jahren sein Kreuz zu tragen gehabt. Tonius ist schon* *oben...In diesem Monat sind wir besonders verbunden"*. Karl wusste, dass alle Münsteraner Schönstattpriester am 06. Oktober 1943 zusammenkommen wollten, um als Antwort auf die Not der Zeit ihre Weihe an die Mta zu erneuern im Sinne der Kreuzesbereitschaft (Inscriptio).

Sieger in Ketten

„Gerne würde ich bei Euch draußen sein!"

Karl Leisner hatte sein fünftes Weihnachtsfest hinter Gittern verbracht. Am 01. Januar 1944 schrieb er an Kaplan Stegemann in Kleve: *„Selten war ich so bedrückt wie gestern am Silvesterabend, aber als dann heute Morgen so prächtig die Sonne aufging, hab' ich das als Sinnbild genommen für 1944. Trotz allem wird uns das Licht leuchten, und die Mächte der Finsternis müssen weichen."* Der Krieg zog sich weiter hin, aber der Siegestaumel der Deutschen war verstummt. An allen Fronten waren sie auf dem Rückzug. Jetzt wuchs die Bedrängnis für die Heimat, besonders durch die zunehmenden Fliegerangriffe. Am 10. Oktober 1943 erlitt Münster eine gewaltige Zerstörung. Jetzt brauchte man jeden Mann. Die Versorgungslage im KZ hatte sich etwas verbessert, vor allem für die Häftlinge, die von draußen Pakete empfangen konnten. Dazu gehörte Karl. Neue Kraft regte sich und seelische Schlappheit war überwunden. Der Gesundheitszustand war freilich weiter schlecht, wie ein Untersuchungsergebnis vom 11. Mai 1944 feststellt. Im Lager war nicht an eine Besserung zu denken, aber draußen, in günstiger Luft wie damals in St. Blasien, könnte er bald gesund werden. So träumte Karl und dachte nach, wie er dem KZ entkommen könnte. Sein Leben wäre doch weit nützlicher verbracht, wenn er als Sanitäter draußen bei den Kameraden wäre. Er wusste, dass man Soldaten brauchte. Im Mai schien sich ihm eine Gelegenheit zu eröffnen, und sofort griff er nach dem berühmten Strohhalm. Am 21. Mai schrieb er an seinen Vater u.a.: *„Mein Wehrbezirkskommando Mannheim hat mich angefordert, und ich wäre wahrscheinlich sogar schon im Wehrdienst, wenn unser Chefarzt hier mich hätte tauglich schreiben können. Das ging aber zu meinem größten Schmerz noch nicht auf Grund meines derzeitigen Krankheitsbefundes. Ich will nun aber auf jeden Fall und baldmöglichst zur Wehrmacht..."* Und dann gibt er dem Vater dringende

Anweisung, was er alles unternehmen solle und bittet ihn ganz flehentlich, bei zuständigen Stellen baldmöglichst vorstellig zu werden. Zuerst muss die Heilung beschleunigt werden, und er ist zuversichtlich, dass diese möglich ist genau wie 1939, *„wo ich viel schlechter war, und mich so staunenswert schnell und gut in St. Blasien erholte."*

Auch die Freunde seiner Münsteraner Schönstattgruppe ließ er an seinen Träumen teilnehmen. Am 22. April 1944 schrieb er seinem Gruppenführer Heini, von dem er erfahren hatte, dass er jetzt im aktiven Fronteinsatz als Sanitäter stehe: *„Gerne würde ich bei Euch draußen sein."* Und noch am 10. Juni 1944 nach dem Beginn der Invasion schreibt er: *„Hoffentlich bin ich bald bei euch Kameraden."* Die Bemühungen des Vaters blieben ohne Erfolg. Am 14. Oktober 1944 schreibt Karl an Tenhumberg: *„Seit 11. Mai höre ich nichts mehr bezüglich Wehrdienst. Die Gesundheit ist leider nicht zureichend, und so bleibe ich weiter. Es fällt mir nicht immer leicht, aber alle Zeit erhalte ich Trost. Und ihr guten Freunde helft mir so viel dazu durch Euer Beispiel und Gebet."* Es war so etwas wie eine Krise, die er in der ersten Jahreshälfte 1944 durchlebte. Aber er wusste sich von oben gehalten und von guten Freunden, auch von seinen beiden Gruppen. *„So denken alle an einen. Diese Treue ist das beste herzstärkende Mittel in langen trüben Tagen."* So schreibt er am 22. April an Heini. Im gleichen Brief möchte er die neue Adresse von Josef Brink erfahren nach dessen Verwundung.

Gehalten wusste er sich auch in seiner Schönstattgruppe im Lager. Für die Fastenzeit hatte sich die Gruppe ein gemeinsames aszetisch-geistliches Programm erarbeitet. Pater Pies, der Zugang zum Revier hatte, spielte Verbindungsmann zwischen Karl und der Gruppe. Ein Briefchen von Karl an die Gruppe von Ende Februar 1944 ist erhalten geblieben. Gerade war die im Programm vorgesehene gemeinsame Bußwoche zu Ende gegangen und Karl schreibt: „*Habe mir die beste Mühe gegeben, die Bußwoche mit-zuleben.*" Diese war ihm besonders herb geworden durch die Denunzierung eines ‚Kameraden', dem er etwas be-sorgt hatte. Dazu kam große Müdigkeit. Auch für den Ma-rienmonat Mai hatte die Gruppe sich ein Programm erar-beitet. Die Gruppe bat P. Kentenich, ihnen kurze Schön-statt-Horen zu dichten, die sie zu den Tagzeiten des Bre-vieres auswendig beten könnten. Es waren nur wenige Breviere vorhanden und war nur wenig Zeit und Raum für Breviergebet. Zum 15. August 1944 waren die Tagzeiten vollendet, die Karl nach seiner Primiz und in den Wochen vor seinem Tod so kostbar waren. Karl hatte das Men-schenmögliche getan, um frei zu werden. Er wusste, dass lebendiger Vorsehungsglaube nicht nur ein passives Hin-nehmen ist, sondern ein aktives Wagen. Über seinem eige-nen Leid vergaß er nicht das der anderen. Im Gegenteil, es machte ihn erst recht hellsichtig dafür. So ermutigt er am 14. Oktober Heini Tenhumberg, dessen Bruder und Schwa-ger vermisst waren: „*Wir wissen alle in diesen bewegten Zei-ten nicht, ob und wo wir morgen sind. Einzig in Gottes Hand ha-ben wir Sicherheit, ob wir leben oder sterben...*" Als er dieses niederschrieb, war schon sein Briefchen unterwegs an sei-nen Bischof Clemens August mit der Bitte um die Erlaub-nis für seine Priesterweihe im Lager.

Liebe Hermännchen!

Für Eure lb. beiden Briefe dank' ich Euch sehr. Haben mir Seel'n-Gaben erfrscht mit ihrem guten geistigen Gehalt und ihrem Humor.

Habe mir die beste Mühe gegeben, die Brief- woche mitzuleben. Bekam von oben noch eine Portion "Nachschlag" durch eine gemeine Denun- zierung eines "Kameraden", dem ich etwas be- sorgt hatte. War aber weiter nicht wild, nur etwas ärgerlich u. deshalb heilsam.

In Euer tgl. Gebet und Leben der Gnade empfehle ich mich sehr; denn mit dem Gesund- werden will's nicht recht vorwärts gehen. Es ist eine unerhörte Nerven- u. Geduldsprobe.

An Heinz bitte zum 1.3.: RB in Ordnung.

Frohen Sonntagsgruß!
Euer Karl.

NB. Entschuldigt, ich schreibe so kurz, weil ich müde bin.

Brief von Karl aus dem Revier an seine Schönstattgruppe im KZ (Fastenzeit 1944)

„Mein Sehnen und Beten geht nach dem Priestertum."

Der 06. September 1944 war ein heißer Sommertag. Die Häftlinge kommen von ihren Arbeitskommandos ins überfüllte Lager zurück. Vom Bahnhof aus wird ein neuer Transport von Häftlingen ins Lager gekarrt. Man hatte sie aus Natzweiler im Elsaß vor der heranrückenden Front ins KZ Dachau verlegt. Stundenlang kauerten die bis zum Skelett abgemagerten Häftlinge vor den Baracken und warteten auf ihre Unterbringung. August Haumesser vom Priesterblock 26, Vikar aus Sausheim im Elsaß und Mitglied einer der Schönstattgruppen im Lager, erkannte einen von den Neuankömmlingen als den Bischof von Clermont-Ferrand, Gabriel Piguet. Sofort setzte er mit seinen Freunden alle Hebel in Bewegung, um den Bischof – zusammen mit einem französischen General – ins Revier zu bringen. Als der Bischof wieder bei Kräften war, kam er am 22. September zuerst in den Polenblock 28 und am 25. September in den Block 26, wo sich die Kapelle befand. Eigentlich hätte er in den sogenannten Ehrenbunker gehört. Aber dann hätte sich wohl kaum ereignen können, wozu er von der Vorsehung offensichtlich ausersehen war. Ein Bischof im Priesterblock! Das fand Beachtung. Bei einigen Priesterhäftlingen, unter ihnen Pater Pies, zündete der Gedanke, dass dies doch eine Chance für den todkranken Diakon sein könnte. Karl Leisner selbst zögerte zunächst etwas. Er wollte lieber daheim in Münster zum Priester geweiht werden. Doch dann dachte er auch an seinen Gesundheitszustand und an die Tatsache, dass das Kriegsgeschehen schon bedrohlich nahe an seine Heimat herangerückt war. *„Mit einiger Sorge denke ich an unsere Lieben in Kleve und Goch"*, schreibt er am 23. September 1944 an seinen Bruder Willi in Berlin und fährt fort: *„Von heute ab schreibe ich regelmäßig an Dich und Du mögest bitte Nachricht* *vermitteln von und zu allen Lieben."* Dann bittet er den Bruder noch, den ersten Briefteil postwendend an *„unseren Bischof"* senden zu wollen. Dieser erste Briefteil – an Bischof Clemens August in Münster gerichtet – enthält die Bitte Karls um das Einverständnis des Bischofs zu seiner Priesterweihe im KZ: *„Es sind jetzt 5 1/2 Jahre, dass ich Diakon wurde. Mein Sehnen und Beten geht nach dem Priestertum. Es ist, nachdem der Krieg unserer Heimat sein drohend Antlitz zuwendet, nicht gewiss, ob und wann ich die Weihe erhalten kann aus Ihren Händen, wie ich es am liebsten hätte. Es besteht zur Zeit die Möglichkeit, mich hier ausweihen zu lassen. Dazu hätte ich gern Ihre Erlaubnis bzw. Ihr Nein. Geben Sie mir bitte über meinen Bruder schriftlich Ihren Bescheid. In treuer Sohnesliebe Ihr Karl Leisner."* .

Die Antwort des Bischofs ließ auf sich warten. Münster war von Bombern schwer getroffen worden. Der Bischof war in ein Notquartier nach Sendenhorst umgezogen. Karls Brief erreichte ihn nicht. Glücklicherweise hatte sein Bruder den ganzen Brief für Angehörige und Bekannte abtippen lassen. Erst ein zweiter Brief des Bruders vom 13. Oktober 1944 erreichte den Bischof. Willi Leisner schickte den Antwortbrief des Bischofs vom 29. Oktober 1944 als Familienbrief ins KZ, was sehr gewagt war. Ende November hatte Karl die zustimmende Antwort seines Bischofs in Händen.

Es war gar nicht so selbstverständlich, dass der französische Bischof, der an Pfingsten 1944 von Deutschen in seiner Kathedrale verhaftet worden war, die Gefahr auf sich nehmen wird, einen deutschen Diakon im KZ heimlich zum Priester zu weihen. Professor Léon de Coninck, ein Jesuit aus Belgien, sprach mit dem Bischof. Der war gerne bereit, diese Bitte zu erfüllen, wenn der Heimatbischof und der Ortsbischof die Zustimmung geben.

Die Anwesenheit eines Bischofs weckte manche schöpferischen Aktivitäten unter den Priesterhäftlingen. Sie wollten den Bischof für die Gottesdienste in der Lagerkapelle würdig ausstatten. Mitra und bischöfliche Gewänder werden angefertigt oder besorgt. Von einem Russen wird ein Bischofsring geschmiedet. Der Benediktinerpater Spitzig schnitzt einen Bischofsstab und graviert die Worte ins Holz: ‚Victor in vinculis'. Wohl wenige wussten, dass dieses Wort das Motto und Ideal von Karls Schönstattgruppe im Lager war. Pater Schwake OSB aus Gerleve und der österreichische Pfarrer Moosbauer komponierten für den Chor, der eifrig übte für die feierliche Gestaltung der Gottesdienste. Die Aussicht auf eine Priesterweihe und Primiz in der Lagerkapelle gab diesen Aktivitäten zusätzlichen Schwung. Für ihre würdige Feier sollte nichts fehlen. Eine Kandidatin der Schulschwestern in Freising, Imma Mack – die eingeweihten Häftlinge nannten sie ‚Mädi' –, brachte die liturgischen Bücher und das heilige Öl für die Weihe auf geheimen Wegen ins Lager und dazu die Erlaubnis des Erzbischofs von München. Schon seit längerer Zeit hatte sie auf dem Weg über die Verkaufsstelle in der Gärtnerei auch Lebensmittel und Medikamente für den todkranken Diakon und für andere Häftlinge ins Lager gebracht. Kurz vor der Weihe konnte Frau Hanna Wieland, die Schwester von Pater Pies SJ in Niederlahnstein, einen Messkoffer ins KZ besorgen als Spende von einer Frau Daniel. So war auch für die liturgische Ausstattung des Weihekandidaten gut gesorgt.

Auch an der inneren Vorbereitung sollte es nicht fehlen. Karl Leisner machte Exerzitien auf seinem Krankenbett und Pater Pies half ihm dabei. Betrachtungsstoff waren vor allem die Abschiedsreden Jesu. Ein wichtiges Ereignis fällt noch in diese Vorbereitungszeit, das nur dem vertrautesten Kreis um Karl bekannt war, das er aber sicher in seine Vorbereitung einbezogen hatte: Am 08. Dezember 1944 versammelten sich die Mitbrüder seiner Schönstattgruppe ‚victor in vinculis' vor dem Marienbild in der Lagerkapelle. Auch Pater Kentenich war zugegen. Gemeinsam weihten sie sich der Mta von Schönstatt im Sinne der Inscriptio – eine Weihe, die vor allem auch die Bereitschaft für alles Kreuz und Leid einschließt. Diesen Weg ist ein Jahr zuvor Karl Leisner schon mit seiner Münsteraner Schönstattgruppe mitgegangen. Seit dem 08. September 1943 hatte sich die Gruppe ‚victor in vinculis' auf diesen Schritt vorbereitet in einer Art Noviziat. Karl konnte freilich nur im Geiste dabei sein.

Am 15. Dezember 1944 wagte man es, den Capo im Revier zu bestechen und Karl zur Probe der Liturgie in die Lagerkapelle zu holen. Der Benediktinerpater Sales Heß aus Münsterschwarzach hatte heimlich die Kamera mitgebracht, mit der in der Plantage der Pflanzenwuchs für Kataloge festgehalten wurde. Ein gewagtes Unternehmen. Er machte einige Fotos von Karl, auch von Karl im Messgewand. Pater Pies sandte die Negative auf seinen Geheimwegen zu Karls Bruder nach Berlin. Dr. Eising, ehemals Sekretär des Bischofs von Galen und jetzt in St. Matthias in Berlin, der Willi auch sonst sehr beistand, machte Abzüge davon. Am 05. Januar 1945 zeigte Willi die Abzüge Bischof Wienken, den er wegen eines Gesuchs um Freilassung Karls aufgesucht hatte. Dieser „äußerte sich sehr beängstigt über das Risiko solcher Aufnahmen." – Im September noch war Karl von Krankheit und Fieber sehr geschwächt. Je näher es dem großen Tag ging, umso stabiler wirkte er auf P. Pies und die Mithäftlinge. Er war voll großer Erwartung. Aber mehr noch als er fieberten die Mitbrüder im Priesterblock der Priesterweihe entgegen. Es war vielen von ihnen, als würden sie selbst noch einmal zum Adsum aufgerufen und antreten.

Am 15.12.1944 in der Lagerkapelle
oben: K. L., noch Diakon, im Messgewand (15.12.1944)
unten: Mit P. Otto Pies S.J; links der Altar

„Ich sehe den Himmel offen..."

„Gaudete – Freuet euch!" So beginnt das Eingangslied zur Messfeier am dritten Adventssonntag. Dann geht es weiter: „Noch einmal sage ich euch, freuet euch". Das musste man an diesem 17. Dezember Karl und den vielen Priestern im KZ nicht noch einmal sagen. Karl schleicht sich unauffällig aus dem Revier. Ein Häftlingsarzt gab ihm eine Coffeinspritze zur Stärkung seines Herzens. Pies hatte das veranlasst. In der gleichen Absicht hatte Pfarrer Richard Schneider einen Trunk zusammengebraut aus Alkohol, Ei und Kräuterextrakten. Karl wollte den besorgten Mitgefangenen nicht enttäuschen. Die Stube zwei neben der Kapelle diente als Ankleideraum für den Bischof, seine Assistenz und für den Diakon. Während Karl Albe und Stola des Diakons anlegte, füllte sich die Kapelle. Die Teilnehmer waren sorgfältig ausgesucht worden: die Priesterhäftlinge aus Münster; Theologiestudenten aus Frankreich und einigen anderen Nationen; Mithäftlinge, die schon am längsten im Lager waren. Dazu hatte man es gewagt, auch Häftlinge, die nicht Priester waren, hereinzuschmuggeln. Die Fenster blieben verschlossen – zur Vorsicht. Die Feier begann mit dem Einzug des Weihekandidaten und des Bischofs mit der Assistenz. Der Chor sang das von Pater Gregor Schwake (Gerleve) kurz zuvor im KZ komponierte ‚Ecce sacerdos magnus' (Seht da, der Hohepriester). Der Weihekandidat saß bleich auf einem bereitgestellten Schemel. Viele Teilnehmer haben später über diese Feier berichtet, der sie mit großer Ergriffenheit beiwohnten. Sie erinnerten sich an ihre Domkirchen, an die festliche Orgelmusik am Tag ihrer eigenen Priesterweihe, und dieses Erleben floss zusammen mit dem, was sie jetzt erlebten. Viele schämten sich nicht ihrer Tränen. Als die Allerheiligenlitanei angestimmt und gesungen wurde, sahen sie sich mit Karl vor dem Kreuz und Tabernakel am Boden liegen. P. Pies

schreibt in ‚Stephanus heute': „Mancher von den Anwesenden musste daran denken, wie er mit der Pistole bedroht,
gezwungen worden war, vom Lagereingang über den Appellplatz zu kriechen..." (169) Einer der Mithäftlinge,
Heinz Römer, wehrte sich freilich später vehement gegen
diese Darstellung: „Ich kann es beschwören. Karl Leisner
lag nicht am Boden. Dazu war er viel zu entkräftet. Er kniete am Boden auf seinen Schemel gestützt, das Gesicht in die
Hände vergraben." Und einer hatte seine Gedanken weder
bei dem, der am Boden lag, noch bei dem, was am Altar geschah. Das war der Lagerdekan Schelling. Er war verantwortlich für das, was in der Kapelle geschah. Sein Blick
war unablässig aufs Fenster gerichtet und auf das Tor im
Zaun, der den Priesterblock vom übrigen Lager trennte, ob
nicht einer der gefährlichen Aufseher daherkäme, und er
war am Überlegen, wie er reagieren und was er sagen würde. Glücklicherweise ist alles gut gegangen. Bei der Primizmesse am Stephanstag machte er sich kaum mehr Sorgen.
Als die ergreifende Feier beendet war, hatte Karl gerade
noch die Kraft, den Anwesenden seinen Primizsegen zu
spenden – zugleich auch für viele Abwesende, besonders
für seine Familie, die aus Kleve nach Niedermörmter aus-
quartiert war. Noch eine kurze Umarmung von ergriffenen
Freunden oder ein Händedruck. Dann schleppte er sich ins
Revier zurück, völlig erschöpft, aber überglücklich – als
Priester Christi.

Der Lagerdekan Schelling war zugleich auch der Blockschreiber im Block 26. Mit ihm ging die Sorge, ob der Lagerleitung nicht doch etwas bekannt werden könnte. Zu
seinen Verpflichtungen gehörte es, am Abend ausgehende
Post einzusammeln und zu ordnen und sie anderntags zur
Zensurstelle zu bringen. An diesem Abend sammelte er
nicht nur ein, sondern las heimlich nach, ob die Häftlinge
in ihrer Begeisterung nichts Unkluges geschrieben haben.
Den einen oder anderen gefährlichen Brief hielt er an diesem Abend einfach zurück. Den Neupriester im Revier er-

reichten manche und vielerlei Grüße und Glückwünsche seiner Mitgefangenen. Sie hatten ihm Weiheandenken gestaltet: eines mit dem Bild seines Namenspatrons und des Hl. Stephanus; ein anderes mit dem Ideal seiner Münsteraner Schönstattgruppe ‚sacerdotem oportet offerre' und dem Kelch als Gruppensymbol; von einem weiteren für die Gruppe ‚victor in vinculis' wird noch die Rede sein. Ein Extraschreiben erhielt er von seinen Münsteraner Mitbrüdern. Einen eigenen Glückwunsch sandten ihm die evangelischen Geistlichen.

Das innere Glück ließ Karl sein Elend fast vergessen. Am Stephanstag fühlte er sich stark genug, seine erste heilige Messe zu feiern, die auch die letzte seines Lebens bleiben sollte. Im roten Messgewand zur Erinnerung an den Erzmärtyrer Stephanus trat er an den Altar. Zum Singen fehlte dem Primizianten die Kraft. Der Chor und die Mitfeiernden sangen (zum Teil mehrstimmige) Weihnachtslieder. Die Primizpredigt hielt ihm sein treuer Freund und ständiger Begleiter im KZ seit 1941, P. Otto Pies über die Worte des sterbenden Stephanus: „Ich sehe den Himmel offen und den Menschensohn zur Rechten Gottes sitzen". Das war in diesem Augenblick allen aus der Seele gesprochen. Der eine oder andere Schönstattpriester mag sich erinnert haben, dass sie im Lager schon einmal spöttisch als die ‚Himmelsgucker' bezeichnet wurden. Während Karl in der Lagerkapelle Primiz feierte, knieten seine Eltern in seiner Taufkirche in Rees und feierten dort die hl. Messe mit. Nach der bewegenden Feier ging Karl von Stube zu Stube durch alle drei Priesterblocks und spendete den Primizsegen. Die evangelischen Geistlichen hatten für den Primizianten den Frühstückstisch gedeckt in Stube zwei und luden ihn, den Bischof und weitere Repräsentanten zu einer Agape ein. Reich beschenkt begab er sich wieder in die Einsamkeit des überfüllten Reviers.

Stationen seines Berufungsweges:
Kleve: Schwanenburg, Münster: Dom, Schönstatt: Heiligtum der Mta, Dachau: Altar in Block 26/1
(von Bruder R. Tijhuis O.C., Mithäftling)

„Wie selten gute Zeit der Gnade."

Im Büro für die Briefzensur im KZ Dachau wurde auch in den Weihnachtstagen 1945 eingehende und ausgehende Post streng kontrolliert. Da fragte einer der Kontrolleure in die geschäftige Stille hinein: „Was ist das denn –, eine Primiz?" Ein kurzes Aufhorchen, dann kommt eine kurze und beherzte Antwort: „Das ist halt auch so eine Andacht." Die Antwort war von einem Protestanten, der den Priesterhäftlingen wohl gesonnen war, wie der Blockschreiber von Block 26, Lagerdekan Schelling, berichtet. Die Angelegenheit war damit erledigt und noch einmal gut ausgegangen. Trotz aller Vorsicht gab es Briefe von drinnen und von draußen, die auf die Primiz Bezug nahmen. Es ist nicht auszudenken, was geschehen wäre, wären sie in die falschen Hände gekommen. So erreichten Karl nach den bewegenden großen Ereignissen manche Glückwünsche auch von außerhalb des Lagers – auf legalen und illegalen Wegen.

Ganz besondere Freude bereitete Karl der Glückwunsch seines Heimatbischofs, dem er in einem herzlichen Brief ganz besonders dankte. Die Angehörigen daheim hatten in großer Freude Anteil genommen. Die Fotoaufnahmen mit Karl in der Lagerkapelle zwei Tage vor der Priesterweihe gelangten in die Hände seines Bruders Willi in Berlin. Dieser zeigte sie Bischof Wienken, der nicht wenig darüber beunruhigt war und zu größter Vorsicht mahnte. Willi Leisner benachrichtigte Verwandte und Bekannte über Priesterweihe und Primiz. Freudigen Anteil nahm die Münsteraner Schönstattgruppe von Karl. Regens Francken aus Münster hatte am 07. Dezember 1944 Heinrich Tenhumberg wissen lassen: „Leisner soll oder wird in D(achau), wie sein Bruder an den Ep(isco)p(u)s (Bischof) schrieb, die Priesterweihe empfangen. Das wäre für ihn die größte Freude, die er haben könnte und sicher eine unauslöschliche Erinnerung für später."

Doch Tenhumberg hatte die frohe Nachricht wohl von Karl selber schon empfangen. Am 30. Dezember 1944 schrieb Karl seinem Gruppenführer Heini: *„Am Stephanstag...habe ich Primiz gefeiert. Zum 1. Mal allein das hl. Opfer am Altar, in unserer Kapelle hier. Ihr wart alle im Geiste mit dabei..."* Tenhumberg bedankt sich für den Brief am 23. Januar 1945 und schreibt an Karl: „Ich nehme von Herzen teil an Deiner großen Freude über die Weihe. Weißt Du, Karl, die Primiz wollen wir aber noch so ein klein wenig nachfeiern; denn wir hoffen doch, daß wir alle gesund heimkommen: Du von dort – hoffentlich bald! und ich aus dem Kriege..." Auch Josef Brink an der Ostfront war über die Ereignisse informiert und schrieb am 12. Februar 1945 an Heinrich Tenhumberg u.a.: „Eine besondere Gnade und Freude bedeutet das Glück unseres lieben Karl (Leisner). Er schrieb mir glücksprudelnd neulich davon. Zwar gingen ihm Heim und Heimat verloren, doch in einem tieferen Sinn wurde ihm beides entgolten." Am 25. Januar 1945 schrieb Bernhard Burdewick an alle in der Gruppe: „Die äußeren Umstände, unter denen unser Karl seinen großen Tag begehen musste, sind ein Symptom für den apokalyptischen Charakter unserer Tage. Aber die Tatsache, dass er diese große Gnade empfing, zeigt auch wiederum, dass Gottes Walten und Wirken durch nichts gehemmt werden kann... Wenn einer von uns, dann weiß er, was es bedeutet: Sacerdotem oportet offerre et offerri."

Groß war begreiflicherweise die Mitfreude aller in der Gruppe ,victor in vinculis' im Lager. Die Gruppenmitglieder gestalteten sieben Bildchen mit dem handgemalten Gruppensymbol. Auf die andere Seite schrieb Karl von Hand seine Widmung mit dem Primizspruch und den Worten: ,*Servus Mariae nunquam peribit.'* Dresbach, der erste Führer der Gruppe, konnte wie mancher andere aus der Gruppe bei der Priesterweihe wie bei der Primiz dabei sein. Bald nach der Priesterweihe wagte es Dresbach, Karl entgegen den strengen Besuchsverboten im Revier zu besuchen. Karl saß auf seinem Bettrand, berichtet Dresbach: „Er sprach mit Worten und mit seinem ganzen Verhalten die große innere Seligkeit aus, in der er in jenen Tagen sozusagen schwamm." Während des Besuches gingen in München Bomben nieder und man verspürte die Erschütterungen. Am Schluss seines Besuches kniete Dresbach sich am Bett nieder und Karl gab ihm seinen Primizsegen.

Am 22. Januar 1945 schrieb Karl vom Bett aus seiner Gruppe ein Dankbriefchen für die *„frohe Mitfeier und Teilnahme an den Gnadentagen."* Er bittet, Pater Kentenich und Pater Fischer seinen Dank auszurichten *„für die feinen Mta-Horen, die mir große Freude machten."* Dann fährt er fort (der Brief ist an Hermann Richarz, den Gruppenführer gerichtet): *„Vor lauter Begeisterung hab' ich, glaub ich, den Rechenschaftsbericht für Dezember nicht gegeben. Er war in Ordnung: Wie selten gute Zeit der Gnade. Diesen Monat bemühte ich mich um Vertiefung des empfangenen Gottesgeschenkes: Priesterlichen Geist täglich zu wecken, zu üben und zu erneuern. Es ist nicht leicht, nach solch überwältigenden Ereignissen in die alten Geleise zurück zu finden. Durch Euer Gebet und Opfer war's so fruchtbar. – Das Gruppenbild* (gemeint: Gruppensymbol) *gefällt mir. Es erinnert mich an alle Gefangenenstunden und die große Liebe und Treue der Mta in dieser langen Zeit. So etwas Vorgeschmack ,vom Victor-Sein' durfte ich in den vergangenen Wochen so ganz tief erfahren...in der großen Sehnsucht nach dem Victor-Werden wollen wir uns weiter gegenseitig stärken und segnen. Die Mta wird uns auch diese letzte vielleicht schwierigste Etappe gnädig schützen und führen..."*

Karl konnte in der Lagerkapelle keine weitere heilige Messe mehr feiern. Pater Pies hat ihn mit seiner Spezialerlaubnis weiter fleißig besucht. In einem bewegenden Glückwunschschreiben hatte er Karl seine Verbundenheit und Freundschaft im nun gemeinsamen Priestertum zum Ausdruck gebracht. Karl war Pater Pies überaus dankbar für seine Umsorgung und für seine unentwegte Treue.

„Ich bin ein freier Mensch, Alleluja!"

Es beginnt die Karwoche und geht Ostern entgegen. Zum sechsten Mal begleitet Karl seinen Herrn bei dessen Leiden und Sterben im KZ. Der Palmsonntag 1945 ist der sechste Jahrestag seiner Diakonatsweihe, der 25. März (Mariae Verkündigung). Ganz überraschend werden am 27. März acht Priesterhäftlinge aus dem KZ entlassen, unter ihnen Pater Pies, Karls treuer Begleiter und Betreuer. Am Gründonnerstag öffnet sich für Hermann Richarz das Tor zur Freiheit. Mit einigen Mitentlassenen sucht dieser sofort den Kardinal auf und bittet diesen eindringlich, sich für den todkranken Neupriester zu verwenden. Der Brief des Kardinals an die Behörde blieb ohne Antwort. Nach Ostern werden die Entlassungen fortgesetzt. Am 05. April ist Dresbach dabei, am 06. April Pater Kentenich. Dann werden die Entlassungen plötzlich gestoppt. Um Karl wird es einsamer. Unter den Häftlingen wachsen Erwartung und Sorge. Wilde Gerüchte über das Schicksal des Lagers dringen in seine Einsamkeit. Am Abend des 26. April werden über 7000 Häftlinge unter strengster SS-Bewachung aus dem Lager in die Nacht und regennasse Kälte hinausgeführt Richtung Südosten. Gegen 100 deutsche Priester sind dabei. Karl lässt sich nicht entmutigen. Von Otto Pies gelangen Briefe an sein Lager und bringen Wärme in seine Einsamkeit. Am 28. April fängt er – nach jahrelanger erzwungener Pause – wieder an, Tagebuch zu schreiben. Es geht der Entscheidung entgegen: *„....Panzeralarm morgens...Große Erwartung. Viel gebetet. Bin sehr schlapp (Durchfall seit drei Wochen – Perforation eitert). Geduld...Gott wird helfen! Mhc* (Mater habebit curam, die Mutter wird sorgen).*"* Am 29. April 1945 wird das Tor zur Freiheit geöffnet. Es ist Sonntag, Tag des Auferstandenen: *„Morgens in der Bettruhe Einschläge schwerer Artillerie in der Nähe...Große Hoffnung! ‚Der Tag für Freiheit und Brot bricht an' – singe ich spaßhaft und*

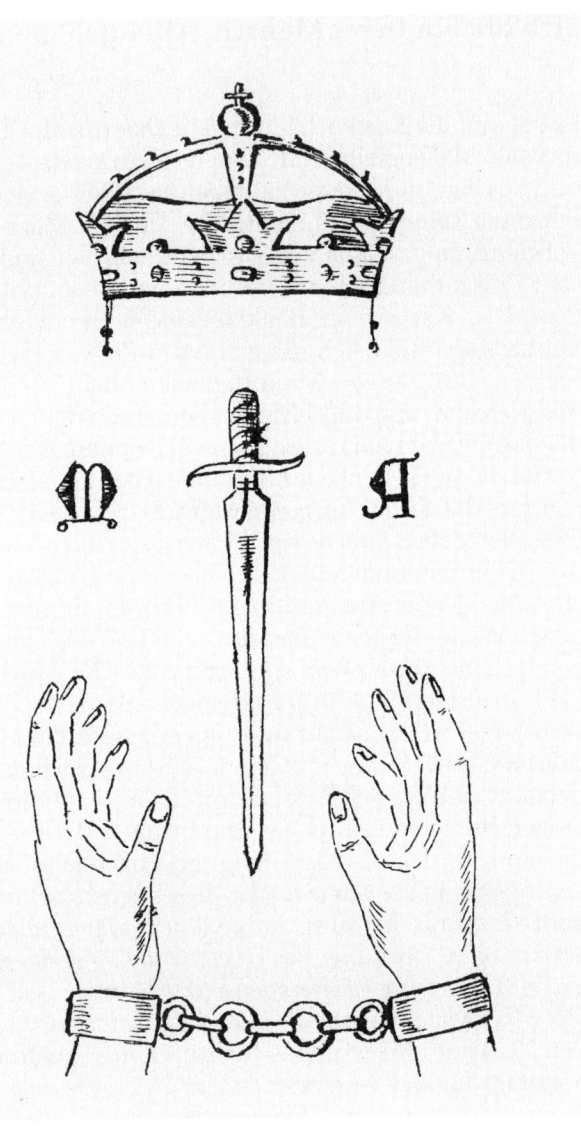

Primizbild für die KZ-Priester-Gruppe 'victor in vinculis'

Dextera Domini fecit virtutem.
Dextera Domini exaltavit me.
Non moriar, sed vivam
et narrabo opera Domini.

Ps. 117

Servus Mariae numquam peribit!

Dir, lieber Heinz!

Zum Gedenken
an Weihe und Primiz
17. / 26. XII. 44
Gaudete / Stefan
in Dachau
Dein Karl Leisner.

doch ernst." Mithäftlinge halten ihn auf dem Laufenden über das, was draußen geschieht: *„Die weiße Fahne* (wird) *auf* (der) *Kommandantur* (gehisst)*...Um 17.30 Uhr die ersten amerikanischen Soldaten...Riesiger Jubel im Lager, Freudenausbrüche bis an die Grenzen des Möglichen...Herrlich! Ich liege schwer krank da. Höre das alles nur von weitem und vom Erzählen. Ziehe mir die Decke übers Gesicht und weine zehn Minuten vor überwältigender Freude. Endlich frei von der verdammten Nazityrannei! Bis auf zehn Tage waren's fünfeinhalb Jahre hinter Gittern. Ich bin überglücklich.*" Er hört davon, dass die SS das Lager zurückerobern will. *„Aber alles geht gut! Deo gratias".*

Karls Geduld wird noch einmal auf die Folter gespannt. Es gibt nun zwar reichlich und gut zu essen. Doch die Tür zur Freiheit bleibt weiter verschlossen. Das Lager wird von den Amerikanern aus Angst vor Seuchengefahr unter Quarantäne gestellt. Karl wartet auf Pater Pies. Diesem gelingt es am Abend des 04. Mai (Herz-Jesu-Freitag), mit dem Pfarrer von Dachau, Dekan und Geistlicher Rat Friedrich Pfanzelt, ins Lager und ins Revier zu kommen.

Beide verlassen ihn noch einmal für kurze Zeit. Dann kommt Pater Pies mit Priesterkleidung und mit dem Passierschein des Pfarrers zurück, um Karl in die Freiheit zu entführen. Karl lässt sich noch einmal verbinden, zieht die Priesterkleidung an und packt das *„Allernötigste"* zusammen. Gestützt auf Pater Pies schleppt er sich über den Appellplatz, vorbei an dem Riesenkreuz und dem Altar mit den Fahnen, die an die Freudenkundgebungen der Häftlinge erinnerten. Sie kommen ungeschoren durch die Kontrolle am Tor. Karl schafft es gerade noch bis zum wartenden Auto. Dort muss er sich erbrechen. Dann beginnt die Fahrt in die Freiheit. Ein kurzer Halt beim Pfarrhaus von Dachau. Von dort geht es über die Amper, vorbei an blühenden Apfelbäumen und an furchtbaren Spuren der Zerstörung zum Waldsanatorium von Planegg. Karl hat das Allerheiligste bei sich, den Herrn in Brotsgestalt, mit dem er die letzten Tage und Stunden seiner Einsamkeit im KZ und im Krankenrevier geteilt hatte. Die Oberin der Schwestern empfängt ihn. Der Chefarzt verbringt ihn auf das Zimmer 76. Pater Pies bleibt die erste Nacht in Freiheit in seiner Nähe. Karl ist nach langen Jahren erstmals wieder allein in einem Zimmer. *„Welche Seligkeit!"* lautet an diesem Abend die letzte Eintragung im Tagebuch.

„...Wiedergeboren!
Wieder zur Menschenwürde gelangt..."

Welch ein Erwachen am 05. Mai, dem ersten Tag in Freiheit, nach der Düsternis und Nacht jahrelangen Eingesperrtseins im KZ und dort mit Schwerstkranken in einem überbelegten Krankenrevier. Zu den Nächten im Revier gehörte das Röcheln und Sterben von Mitpatienten. Der neue Tag meldete sich an durch das Geschrei der Wachleute, durch das wütende Bellen der Hunde und durch den erzwungenen Gesang Tausender von Häftlingen auf ihrem Marsch zum morgendlichen Appell. Die dunklen Schatten dieser fürchterlichen Nächte werden noch lange sich auf seine Seele legen in den unruhigen schwitzigen Nächten im Sanatorium. Wie ganz anders das Erwachen an diesem fünften Mai, dem Fest Mariens, der Patronin von Bayern: *„Der Wald schaut zu mir herein. Eine frische Birke. Ein grüner Buchenbusch und frisch ausgeschlagene Fichten. Ich schaue, döse, träume, danke, streife Dachau ab. – Wie wonnig. Hier kann sich Leib und Seele erholen. Ich kann wieder recht beten.".* (05. Mai 1945). Sein Blick fällt auf das Kruzifix an der Wand, auf das Marienbild von Stephan Lochner: *„Alles empfehle ich Ihr, meiner geliebtesten heiligen Mutter. Mhc! Oft grüße ich sie mit Tränen in den Augen." „Die Pflege der guten Schwestern tut so gut".* Der Chefarzt schaut nach ihm, veranlasst eine erste Durchleuchtung, lässt ihn erzählen über das KZ: *„Ein feiner Arzt und Mensch. Hat gleich mein volles Vertrauen und (meine) Sympathie. – Ich vergehe fast vor Freude und Dankbarkeit..." „Den Dreck von der Seele wegspülen. Das Mittagessen ist prächtig. So fein serviert alles. Ich bin über alles so froh."* Jetzt ist er nicht mehr die auswechselbare Nummer, die zweimal auf der Liste für den ‚Transport' und die ‚Vergasung' gestanden hat: *„Die Dachauer düsteren Bilder fallen langsam von der Seele. Ich bin freier Mensch, Alleluja! Wiedergeboren! Wieder zur Menschenwürde gelangt..."*

Was von Dachau freilich geblieben ist und bleiben wird ist seine körperliche Schwäche und Hinfälligkeit, seine Krankheit, die seine Kräfte immer mehr aufzehrt. Er jammert nicht, er verdrängt aber auch nicht. Ehrlich und nüchtern notiert er, wie schlapp er sich fühlt, *„furchtbar schlapp"*. Dazu kommen wochenlanger Durchfall, *„böses Fieber"*, Erbrechen, Übelkeit, Magenbeschwerden, Rippenschmerzen, Hustenanfälle und schwitzige Nächte. Er weiß, wo er Halt findet in dieser Flut der Erbärmlichkeit und Armseligkeit: *„Jesus nimm mich Armen, Mühseligen!"* Und: *„Mta hc"* (die Dreimal Wunderbare Mutter wird sorgen). Er weiß sich umsorgt von seinem treuen Begleiter seit fast vier Jahren Pater Otto Pies, der ihn so oft als möglich besucht und in den letzten Nächten auch bei ihm wacht.

Schlappheit und Krankheit vermögen aber Karls Seele nicht zu lähmen. Seine Seele ist überströmt von Glück und Freude, die herausfließen aus der Erfahrung der Erbarmungen und der Nähe Gottes: *„Aus der Stille spricht Gott – obwohl ich so schlapp bin."* Die kleinen alltäglichen Dinge und Freuden werden ihm zu Boten der Nähe und Liebe Gottes: das Zwitschern der Vögel; die Aufmerksamkeit der Ärzte, Schwestern und der Mitpatienten; unerwartete Besuche, zum Beispiel von ehemaligen Mithäftlingen, auch von Hermann Richarz, dem Gruppenführer seiner Schönstattgruppe und von Hans Rindermann, der auch zur Gruppe ‚victor in vinculis' gehörte und der den Todesmarsch mitmachen musste und gut überstanden hat. Eine Verwandte aus München-Laim kommt mit ihrem Kind: *„Ich darf das Kleine segnen. Denke an den guten Heiland. Goldiges Kind."* Tief gerührt ist er am 29. Juni abends über den unerwarteten Besuch seiner Eltern. Alles, was ihn erreicht, bewegt und berührt ihn tief: Nachrichten aus der Heimat oder über das Schicksal der Nazigrößen und seiner ehemaligen Peiniger, ein Schreiben der Bischöfe an die Gläubigen zu Not und Aufgaben in der Bedrängnis der

Zeit und auch all das, was die einfachen Menschen seiner Umgebung beschäftigt und bedrängt. Zur Quelle der Freude wird ihm das Breviergebet, der Gottesdienst, der ins Zimmer übertragen wird, das Miterleben der Fronleichnamsprozession von seinem Zimmer aus am 03. Juni. Da notiert er: *„Prozession (seit 1938 Münster die erste für mich) mit Pfarrer Wald von Zimmer 51 betrachtet. Die Tränen rollen"*. Sein Herz schwimmt in der Freude – auch bei äußerster Schlappheit und bis in die letzten Stunden seines Lebens. Er kann nicht genug Worte finden, diese seine Freude, seine Rührung, sein Glück mitzuteilen: *„Wieviel kleine liebereiche Freuden schenkt der gute Gott."* Ein einzigartiger Höhepunkt seiner Freude ist die Mitfeier der hl. Messe vom Krankenbett aus am 25. Juli 1945: *„Seit sieben Monaten die erste heilige Messe, an der ich ‚praesentia corporali'* (körperlich anwesend) *teilnehmen darf. Die Primizmesse war am 26. Dezember 1944 die letzte. Wie bin ich froh."* Schon im klaren Wissen um seinen baldigen Tod schreibt er am 23. Juli 1945 in sein Tagebuch (und diese Niederschrift ist wie sein Danklied und Magnifikat auf den Dreifaltigen Gott für sein Leben, Kämpfen, Leiden – und Sterben:

„ O wiedergefundene Liebe und Würde des Menschen! Wir armen KZ-ler. Sie wollten unsere Seele töten! O Gott, wie danke ich Dir für die Errettung ins Reich der Liebe und Menschenwürde. Ja, es ist in Dachau viel echt und unter Leid Liebe und Würde erwiesen worden, und doch, wie arm waren unsere äußeren Möglichkeiten. – Und wie grässlich Hass und Stumpfheit, die einen wider Willen umgab. HERR, gib, daß ich immer mehr Dich liebe! **Liebe und Sühne!** *Ich danke Dir für alles, verzeih' mir meine Schwächen!"*

„Ich will wieder gesund werden..."

Die sechste Woche in Freiheit geht zu Ende. Soeben hatte Karl drei Priester verabschiedet und gesegnet. Es ist Samstag Abend. Seine Gedanken gehen zu seinen Angehörigen, die er seit sechs Jahren nicht mehr gesehen hat, zu seinen Wohltätern und zu seinen Leidensgenossen und er segnet sie. Er fühlt sich ‚sehr schlapp', aber auch überaus glücklich und froh. Er schreibt an diesem Abend in sein Tagebuch:

„Ich bin so froh, segnen zu dürfen. Gott, führ mich bald wieder mal an den heiligen Altar, dass ich Dir, geliebtester Vater, Deinen herzlieben Sohn darbringen darf. O wie verlangt es mich! Ich will wieder gesund werden für Christus und sein Reich; und seine innigstgeliebte Mta wird mir helfen..."

Karl war schon längst bereit, sein Leben zu opfern, wenn es so Gottes Wille ist. Das hinderte ihn aber nicht, vertrauensvoll um seine Genesung zu beten und auch andere um ihr Gebet zu bitten. So vertraute er es Kaplan Hermann Richarz an, der im KZ sein Mithäftling war und Führer seiner Schönstattgruppe im KZ ‚Victor in vinculis'. Hermann Richarz war am Gründonnerstag entlassen worden und hatte Unterkunft gefunden im Angerkloster der Schulschwestern. Er spürte Karl Leisner auf in Planegg und besuchte ihn dort am 27. Mai 1945. Darüber schrieb Richarz am 30. September 1945 an die Eltern von Karl: „Als ich ihn in München (Planegg) besuchte, sagte er noch so hoffnungsvoll: Drei Dinge habe ich von Gott und der Gottesmutter erbeten, die Gesundheit, die Freiheit und die Priesterweihe, zwei Dinge hat die Mutter mir gegeben, sie wird mir auch das dritte noch geben. Aber man darf ja eigentlich nicht unverschämt sein und auch das dritte noch verlangen, aber ich will es einmal doch sein..."

Richarz hätte Karl gern wieder besucht. Da bot sich ihm unerwartet eine Gelegenheit zur Heimfahrt ins Rheinland. Zum Abschied schrieb er Karl einen langen Brief und erinnerte ihn an ihr Gespräch beim vorausgegangenen Besuch: Er wollte Karl in seinem Vertrauen bestärken, aber auch in der Bereitschaft zum Letzten, wenn es so Gottes Plan und Wunsch ist:

„Ich glaube fest daran, dass Du gesund wirst, wenn es im Plane Gottes gelegen ist. Und wenn das nicht der Fall ist, dann hat Dir Gott eben eine andere und eine nicht leichte und nicht kleine Aufgabe auf Erden zugedacht... Wir...sehen in unserem Leid ja die Vollendung des Leidens und Sterbens unseres Herrn Jesus Christus..."

Zur Bekräftigung zitiert Richarz dann noch aus den Schönstatt-Tagzeiten, die Pater Kentenich im KZ verfasst hat und die Richarz seinem Brief an Karl als Abschiedsgeschenk beigelegt hat:

„Laß durch mein Opferleben mich ersetzen,
wie's frommt nach ewig gültigen Gesetzen
und wie es der Inscriptio (Weihe der Ganzhingabe) gefällt,
was Christi Kreuz und Leid an Fülle fehlt."
(Golgotha-Hore Strophe 3 zur Non um 15 Uhr).

Wieder eine Woche später, am vorletzten Tag im Juni, dem Fest Peter und Paul, kommt spät abends unerwarteter und doch heiß ersehnter Besuch:

„21.15 Uhr abends:...Es ist noch Besuch da. Sollte es Vater sein?–?––Mutter und Vater stehen am Bett und küssen und begrüßen mich. Tiefe Rührung. – Wir sind beisammen – Deo gratias!"

Anfang Juni haben die Eltern erfahren, dass Karl lebt und dass er in einem Sanatorium ist in Planegg. Sie riskierten das Abenteuer und gelangten in mehrtägiger Fahrt zu ihrem Sohn. Sie erkannten, dass nach menschlichem Ermessen kaum noch Hoffnung auf Genesung bestand. Die Mutter entschloss sich, bei Ihrem todkranken Sohn zu bleiben. Der Vater musste aus beruflichen Gründen sich am 09. Juli wieder auf den Heimweg machen. Pfarrer Josef Neunzig, ein Mithäftling von Karl im KZ, hatte ein Gefährt aufgetrieben, mit dem er andere Mithäftlinge in ihre Heimat zurückbringen wollte (humorvoll ‚Circus Neunzig‘ genannt). Vater Leisner konnte mitfahren. Die Fahrt ging durchs Rheinland. Als das Gefährt in der Nähe von Schönstatt war, nützte Vater Leisner die Gelegenheit zu einem Besuch im Heiligtum der Dreimal Wunderbaren Mutter und Königin von Schönstatt. Vor dem Kapellchen stieß er auf einen jungen Priester. Er grüßte ihn und stellte sich vor: „Leisner“. Da horchte der junge Priester auf, der an diesem Vormittag aus dem Westerwald mit dem Fahrrad zum Schönstattheiligtum gepilgert war. Es war der Kölner Kaplan Heinz Dresbach, der im KZ der erste Führer von Karls Schönstattgruppe ‚victor in vinculis‘ gewesen ist. Vor ihm steht der Vater von Karl Leisner. Von ihm erfährt er, dass Karl lebt, aber todkrank ist. Karl habe den Vater gebeten, ins Kapellchen in Schönstatt zu gehen und dort bei der Mta für die Genesung von Karl zu beten. Dresbach verspricht mitzubeten. Am gleichen Tag beginnt er eine Novene für Karl. Als die neun Tage der Fürbitte vorüber sind, schließt Dresbach eine Danknovene an. Nach Rückkehr in den Westerwald am 12. Juli, wo er zur Erholung weilte, schrieb er einen Brief an Karl nach Planegg, der aber wohl nie angekommen ist.

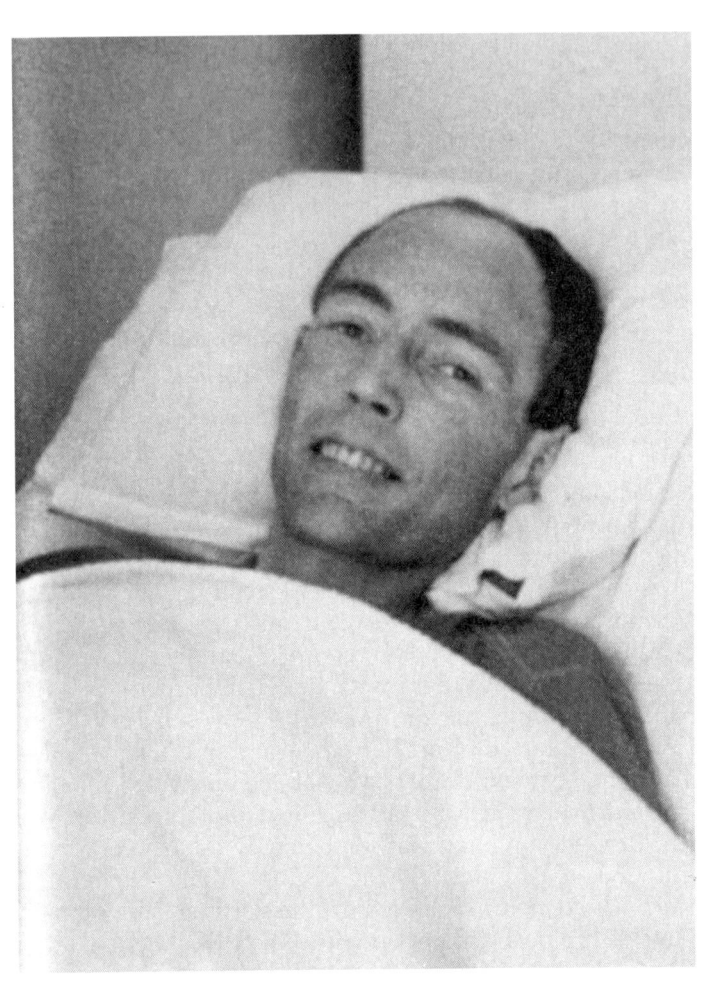

Kranken- und Sterbelager in Planegg (15. Juli 1945)

„Ich weiß, dass ich bald sterben werde…".

Aus dem letzten Tagebuch von Karl Leisner, das er in seinem Sterbebett geschrieben hat, spürt man ungebrochenen Lebenswillen und ungetrübte Lebensfreude bis zur letzten Eintragung. Er hat im KZ viele Mitgefangene sterben gesehen, vor allem in dem mehr als dreijährigen Aufenthalt im Krankenrevier. Er scheint keinen Schrecken vor dem Sterben zu kennen. Das bedeutet nicht, dass er nicht mit dem Sterben gerechnet und dass er den Gedanken an den Tod verdrängt hat. Er war auf das Sterben vorbereitet. Am 30. Mai empfing er die Sterbesakramente: das Bußsakrament, die Krankensalbung und die Krankenkommunion – durch Pater Otto Pies, wie er im Tagebuch in einem knappen Satz vermerkt. Und er war zum Sterben, und das heißt in seinem Fall zum Martyrium schon lange bereit. Im Seligsprechungsprozess sollte sein Mitgefangener und ehemaliger Führer seiner Gruppe im KZ ‚victor in vinculis' Kaplan Heinz Dresbach gefragt werden, ob er bezeugen könne, dass Karl Leisner zum Martyrium bereit war. Dresbach war inzwischen 80 Jahre alt und konnte nicht mehr zur Befragung reisen. Als ihm die Frage vorgelegt wurde, hielt er kurz inne und sagte dann energisch: „Selbstverständlich! Das waren wir doch alle!" Karl Leisner freute sich am Leben, das ihm wiedergeschenkt war. Wochenlange Schlappheit, schwitzige Nächte, Durchfall und Schmerzen trübten diese Freude nicht. *Ich danke Dir für alles*", konnte er zu Gott beten, – also auch für seine Leiden. Er opferte sie auf für andere. Sie waren ihm ein Mittel, für die viele Schuld der Menschen zu sühnen mit Christus. Dabei übersah er nicht eigene Armseligkeit und betete: *„verzeih' mir meine Schwächen!"* Er wusste sich von seinem Vater im Himmel geliebt, erlebte sich tief geborgen bei ihm und hatte nur eine Sehnsucht, die ihren Ausdruck fand im Gebet: *„Herr, gib, dass ich immer mehr Dich liebe"* (Tgb. 23. Juli). Und ein anderes Gebet noch zeigt seine Bereitschaft zum Sterben.

Am 20. Juni vermerkt er im Tagebuch, dass er am Nachmittag den Wunsch verspürte, die Schönstatt-Tagzeiten zu haben. Er konnte sie beim eiligen Aufbruch aus dem KZ nicht mitnehmen. Am Abend dieses gleichen Tages erhielt er den Abschiedsbrief von Hermann Richarz. Richarz hatte eine Abschrift der Tagzeiten beigelegt und Karl notiert im Tagebuch: *„Ein wunderbarer Fingerzeig der Mta! Radikales Vertrauen! Sie ist meine beste Mutter!"* Diese Gebete begleiteten ihn fortan in seine Sterbestunde, zum Beispiel das Einleitungsgebet: „Im Geiste knie ich vor Deinem Bilde, Du Dreimal Wunderbare, Starke, Milde, vereint mit allen, die sich Dir geweiht, und für Dein Reich zu sterben sind bereit."

Im letzten Tagebuch findet sich kein Wort vom Sterben, dem er entgegenlitt. Seine Mutter hat ein Wort von ihm darüber aufgeschrieben:

„Etwa 14 Tage vor seinem Tod sagte mir Karl: *,Mutter, ich muss sterben, aber Du darfst nicht weinen...* Es ist möglich, daß er mir auch gesagt hat: *,Mutter, ich muss Dir etwas sagen, doch Du darfst nicht traurig sein. Ich weiß, dass ich bald sterben werde, doch ich bin froh dabei.'"*

Am 25. Juli hatte er nachmittags drei Stunden mit der Mutter *„über die liebe zerstörte Heimat und ihre Menschen geplaudert. Zu lang!"* – schreibt Karl und fährt fort:

„So jetzt schlafen, es ist 21 Uhr abends.
Gut' Nacht, Ewiger, Heiliger Gott,
liebe Mta, liebe Heiligen alle,
alle lieben Lebendigen und Toten nah und fern!
Segne auch, Höchster, meine Feinde!".

Es ist das Abendgebet seines jungen Lebens. Er hat nicht mehr die Kraft, sein Tagebuch fortzuführen. Seine Kräfte zerfallen zusehends. Am Abend des 09. August waren seine drei Schwestern in Planegg eingetroffen. Am Tag darauf durften sie ihren Bruder wiedersehen. Seine jüngste Schwester berichtet:

„Karl lag da, völlig ausgemergelt, der Eiter brodelte durch eine Drainage aus seinem Körper. Aber er war froh und glücklich, daß wir wieder vereint waren."

Gegen 12 Uhr war keine Unterhaltung mehr möglich. Nur Pater Pies konnte ihn noch verstehen.

Seit mehreren Nächten schon hielten Schwestern, die Mutter und Pater Pies abwechselnd Nachtwachen. Der Arzt half mit entsprechenden Medikamenten, die großen Schmerzen und die letzte Not zu tragen. Sein treuer Begleiter und priesterlicher Freund in den Leidensjahren im KZ berichtet aus diesen letzten Tagen:

„Er spürt, dass ihm niemand mehr helfen kann. Viel betet er zur Dreimal Wunderbaren Mutter und zum Heiligsten Herzen Jesu. Am Abend ist er unfähig zu sprechen. Kaum noch erkennt er die Umstehenden, aber immer noch ist sein Wille zum Leben ungebrochen. Er freut sich auf die Ewigkeit und ist ganz einverstanden, wenn Gott ihn heimholt..." (Pater Otto Pies)

In der Nacht zum 12. August hält Pater Pies wieder die Nachtwache. Während der frühen Morgenstunde wurde Karl unruhig. Pater Pies bat bei der Nachtschwester um eine Spritze für Karl. Danach setzte der Sterbeprozess ein. Offenbar hatten Otto Pies und Karl gewünscht, beim Sterben miteinander allein zu sein. Gegen 5.15 Uhr werden durch eine Ordensfrau die Mutter und die drei Schwestern gerufen. Karls Seele war heimgegangen zum anderen Leben, wo er die Herrlichkeit Christi schauen darf. Es war Sonntag, der Tag der Auferstehung des Herrn, drei Tage vor dem Fest Mariä Himmelfahrt.

Ganzhingabe

„Wie ist Gott so unendlich gut... – Nur die Ganzhingabe wollte Er vorher."

Im Kranken- und Sterbezimmer von Karl Leisner hing die schön gerahmte Urkunde über seine Priesterweihe. Der Pfarrer von Dachau hatte sie ihm einrahmen lassen. Karls Schwester Maria erinnerte sich, wie Karl beim Besuch seiner drei Schwestern zwei Tage vor seinem Heimgang mit einer gewissen Wehmut sagte: *„Nun habe ich die schöne Urkunde dort hängen und kann nicht arbeiten."* Der Drang zum Arbeiten für das Reich Gottes – besonders unter der Jugend – ist ganz lebendig in ihm. Als Bezirksjungscharführer hatte er am 11. April 1934 an seinen ehemaligen Religionslehrer geschrieben: *„Augenblicklich flitze ich auf meinem ‚Velo' wie ein rasendes Ungeheuer durch den Bezirk und stärke die Jungens und ‚trommle' sie wach bis ins letzte verschlafene Dörfchen hinein..."* Auf seinem Sterbelager hat er nicht mehr nur seinen Bezirk vor Augen. Er blättert in einem herrlich bebilderten Europabuch und schreibt: *„Ich bin auf Fahrt und staune, und freue mich. Nur eins: Du armes Europa, zurück zu Deinem Herrn Jesus Christus!... Zurück zu den frischen Quellen an göttlich wahrer Kraft..."*; und er fleht seinen Heiland an: *„lass mich ein wenig Dir dabei Instrumentum sein!"* Aber er ist an sein Bett gefesselt, zur Passio ‚verurteilt' – oder richtiger gesagt ‚berufen'. Jetzt kann er nur noch Werkzeug sein durch die ‚Passio', durch das Mitleiden und Mitsterben mit Christus. Dazu gehört auch der opfervolle Verzicht auf jede äußere Aktivität. Doch ist die ‚Passio' nicht weniger fruchtbringend als die ‚Actio'. Als Karl seine Berufungskrise hinter sich gebracht hatte und im Priesterseminar Ostern feierte, schob er in der Osternacht seinem Freund und Gruppenführer Heinrich Tenhumberg sein Tagebuch für einen Eintrag hin. Und Heinrich Tenhumberg schrieb ihm ins Tagebuch: „ Wenn das Weizenkorn nicht in die Erde fällt und stirbt, bleibt es für sich allein; ist es aber gestorben, so bringt es viele Frucht. Joh. 12,24 ff. Dein H. Tenh. Osternacht 1938." Das hat er jetzt klar als seine Berufung erkannt – und angenommen in der ‚Ganzhingabe'. Nach seiner ersten Nacht in Freiheit schrieb er ins Tagebuch: *„Mit Dankes- und Freudentränen war ich eingeduselt. O wie wohl ist mir. Wie ist Gott so unendlich gut. Wenn die Not am größten, hilf er. Nur die Ganzhingabe wollte er vorher..."* Am Tag zuvor gebrauchte er das Wort ‚Holocaustum', das bedeutet ‚Ganzopfer'.

Seine Ganzhingabe schließt alles ein, Freude, Leiden und Sterben. Und alles wird ihm zur Liebesgabe an Gott für *alle*, für Nahe und Ferne, für Freunde und Feinde. Immer wieder taucht das ‚Alles' auf in seinen Stoßgebeten: *„Alles empfehle ich Ihr, meiner geliebtesten heiligen Mutter. M.h.c..."*; *„Alles für die Priester und neue Kandidaten..."*; *„Alles für das Heiligste Herz!..."* *„Alles für das göttliche Herz, für Priester und Kandidaten seines Herzens. Sühne..."*; *„Alles für das göttliche Herz."*; *„Mta, alles für Dich."*

Dieses ‚Alles' und ‚Ganz' durchzieht aber schon die Jahre seit dem Eintritt ins Priesterseminar und seit seiner Subdiakonatsweihe. Wenige Tage vor der Subdiakonatsweihe (17. Februar 1939) auf dem Weg zum Altar schrieb er nieder, wozu er sich im Innersten seines Herzens gerufen glaubte: *„...zum holocaustum für die anderen, für dein deutsches Volk..."*. Am Tag der Diakonatsweihe , dem Fest Mariä Verkündigung, war ihm das Fiat der Gottesmutter das passende Wort und die angemessene Antwort für seine Berufung, wie er sie verstand und wie er sie leben wollte. An diesem Tag gratulierte er seinem Schulkameraden Jupp Vermeegen zu dessen unmittelbar bevorstehenden Priesterweihe und schrieb ihm im Blick auf das Festgeheimnis des Tages: *„Die Haltung des Fiat, des gläubigen herrlichen Ja der ancilla Domini möchte ich Dir als Gottesgeschenk für diese besonderen Gnadentage wie für Dein ganzes priesterliches Leben*

wünschen und erbeten. Es geht um die größere Liebe, um das be-
reitere Ja – und Deutschland wird der Herde Christi nicht ver-
lorengehen, sondern ihr entscheidende Kräfte des Blutes und des
Geistes, der Gnade und des Opfers zu schenken haben." Pater
Peter Lippert SJ hatte 1937 dieses Fiat der Gottesmutter als
eine ‚Blankovollmacht' gedeutet: „Wir fühlen, dass sie damit Gott gleichsam eine Vollmacht ausstellt für alle Fälle,
für alle seine Ratschlüsse, für alle Zeiten, für alle Heimsu-
chungen. Eine Blankovollmacht gibt sie ihm in die
Hand..." Es ist nicht mehr sicher auszumachen, ob der
Gründer Schönstatts 1939 unabhängig von P. Lippert oder
angeregt von ihm das gleiche Wort von der Blankovollmacht wählte, um damit das Jubiläumsgeschenk der
Schönstattfamilie zum 25-jährigen Gründungs-Jubiläum
zu bezeichnen: die Erneuerung des Gründungsbündnisses
mit der Mta in der Haltung und Höhenlage der Blankovollmacht. Karls Gruppe wollte mittun. In einem Weihe-
gebet wohl aus der Zeit der beiden Priesterweihen 1939
danken die Gruppenmitglieder der Mta für ihre „Berufung zum Priestertum und zum Bund. In Dankbarkeit geben wir Dir Gewalt und Vollmacht über uns; tue mit uns,
was Du willst und wie Du es willst. Sende uns vom Altar
in den Alltag und lass uns leben nach dem Gesetz: Sacerdotem oportet offerre." Karl war im Geiste mit dabei, als
die Gruppe am 18. Oktober 1939 mit der ganzen Schönstattfamilie die Weihe der Blankvollmacht vollzog. Am 15.
Dezember 1939 bat er seinen Freund Tenhumberg in einem
Schreiben aus dem Gefängnis in Freiburg, seine Verhaftung im Geist des Blankoschecks zu verstehen. Und mehr
als einmal wird er seine Freunde später daran erinnern
und schreiben: „Es bleibt beim Blankoscheck". Und
schließlich ist auch sein letztes schriftliches Wort, das uns
erhalten ist, ein Ausdruck dieser seiner Ganzhingabe. Am
01. August 1945 schreibt er an die erkrankte Schwester Ar-
senia, die ihn in Planegg mit gepflegt hatte: *„Wir entbehren*
Sie sehr und denken oft an Sie. Wir beten für Ihre baldige Gene-

sung und Heimkehr. Ich segne Sie oft in Dankbarkeit und Liebe. Haben Sie viele Schmerzen? Zur Zeit bin ich auch reich gesegnet mit Leiden. Aber wir wissen ja wofür und sprechen allezeit zum Himmelsvater ‚Mir geschehe nach Deinem Worte‘ wie Unsere Liebe Frau...“

Grab und Grabstein in Kleve

Nachwort

Mein Nachwort soll eine Bitte sein: eine Bitte an den Seligen Karl Leisner, vielen jungen Christen zu helfen, den Ruf Christi zu hören und zu beantworten und ihre Berufung als Priester oder als priesterliche Laien in Treue durchzuhalten; und eine Einladung an alle Leser dieses Buches, Freunde des Seligen Karl Leisner zu werden und andere für die Freundschaft mit ihm zu gewinnen. Sie alle dürfen sich auf seine Treue verlassen. Die Treue zu allen, die ihm in seinem Leben wichtig geworden sind oder für die er in seinem ganzen Leben wichtig geworden ist, ist mir als ein hervorstechendes Kennzeichen seiner Persönlichkeit aufgefallen. Ein treuer Freund ist Karl Leisner Bischof Tenhumberg geblieben, sein einstiger Gruppenführer. In einem Kondolenzschreiben an Domvikar Dr. L. Winner zum Tod des Bischofs († 16. September 1979) erinnerten Elisabeth Haas, Karls Schwester und ihr Gatte Wilhelm Haas (beide waren am 09. September 1979 noch zu Besuch bei Bischof Tenhumberg gewesen, einen Tag vor seiner Einlieferung in die Klinik) an den Rückflug von der Einleitung des Seligsprechungsprozesses in Rom im Dezember 1979. Wilhelm Haas berichtet: „Der Bischof vertraute mir auf dem Flug Rom – Düsseldorf (Dezember) 1977 an, dass er alle Last und Schwere seines Amtes ständig auch Karl Leisner anempfehle. Wir sind überzeugt, dass nun beide Freunde in der Herrlichkeit des Herrn beieinander sind – welche Freude für beide."

Karl Leisner ist schon bald nach seinem Tod – ja, man darf sagen schon vor seinem Tod – europaweit bekannt geworden. Die Mithäftlinge – besonders aus dem Priesterblock –, die aus dem KZ in fast alle europäischen Nationen zurückkehrten, berichteten nicht nur von dem Furchtbaren, das sie im KZ erlebt und durchlitten hatten, sondern auch von der beeindruckenden Erfahrung der Nähe Gottes. Dazu gehörte die Priesterweihe und Primiz von Karl im KZ. Weihbischof Bernhard Rieger aus der Diözese Rottenburg-Stuttgart erinnert sich zum Beispiel, wie schon bald nach dem Krieg unter den kriegsgefangenen Priesterkandidaten in Chartres Primizbilder von Karl Leisner verteilt wurden. Sicherlich hat so auch Papst Johannes Paul II. schon als ganz junger Priester von Karl Leisner gehört. Bei seinem ersten Deutschlandbesuch hat er in Fulda neben anderen auch Karl Leisner als vorbildlichen Priester herausgestellt.

Weniger ins Blickfeld der Öffentlichkeit trat die treue Verbundenheit und Freundschaft vieler, die ihm verbunden waren. Dazu gehörten nicht zuletzt die Freunde und Mitglieder seiner Schönstattgruppe, ihnen voran Heinrich Tenhumberg. Auf eine neue Weise pflegten sie ihre Verbundenheit mit Karl und suchten Möglichkeiten und Wege, ihn weitesten Kreisen bekannt zu machen. Im Sommer 1952 waren sie wieder einmal in Oldorf bei einem Ferientreffen zusammen, das ganz ihrem Leben mit und ihrem Einsatz für Karl Leisner gewidmet war. Heinrich Tenhumberg schickte das ausführliche Protokoll über ihre Beschlüsse auch an Pater Kentenich, der wenige Wochen zuvor in den USA in Milwaukee am Ort seines Exils eingetroffen war. Im Blick auf den Schutzpatron des deutschen Volkes, den Heiligen Michael, wollten sie sich in der damaligen schwierigen Situation für unser Volk zusammen mit Karl Leisner vor allem für eine „Treue- und Anbetungsströmung" einsetzen. Pater Kentenich ermutigte sie dazu. Am 14. September 1952 schrieb er unter anderem: „Sorgen Sie mit allen Mitteln dafür, dass niemand bei hochgehender See das Schiff verlässt und dass das Schiff in allen Situationen seetüchtig bleibt. Wenn St. Michael und Karl Leisner Ihre Bundesgenossen sind, brauchen Sie für die Zukunft nichts zu fürchten."

Bei allem guten Willen fehlte den jungen Priestern bei damaliger seelsorglicher Überbelastung der Atem, ihr Programm für Karl Leisner ganz zu verwirklichen, wozu auch der Vorsatz gehörte, sich für seine Seligsprechung einzusetzen. Zudem bekamen sie in damaligen Auseinandersetzungen gerade als Schönstätter manchen ‚Gegenwind' zu spüren. Heinrich Tenhumberg wollte nicht den Eindruck erwecken, dass er sein amtliches Ansehen für eine eigene Sache einsetzen wollte. Gottes Geist erreichte sein Ziel auf anderen Wegen. Ein Priester der Diözese Münster, Pfarrer Perau, ergriff eine Initiative, die zur Gründung eines „Freundeskreises Karl Leisner" führte und den Priesterrat der Diözese veranlasste, einmütig um die Einleitung eines Seligsprechungsverfahrens zu bitten. 1975 kam es zur Gründung des „Internationalen Karl-Leisner-Kreises", dessen derzeitiger Präsident Spiritual Hans-Karl Seeger ist. Nach dem Tod von Bischof Tenhumberg konnte unter Bischof Dr. Reinhard Lettmann der Seligsprechungsprozess eröffnet werden. Der „Internationale Karl-Leisner-Kreis" hat dabei unschätzbare Dienste geleistet und auch die Familie von Karl Leisner hat in großartiger Weise mitgewirkt.

Am 23. Juni 1996 hat Papst Johannes Paul II. Karl Leisner als Märtyrer selig gesprochen, in Berlin, das jetzt wieder die Hauptstadt eines geeinten Deutschland ist, eines Deutschland auf dem Weg in die Europäische Union. Klima und Atmosphäre haben sich in diesem Deutschland seit der Jugendzeit von Karl Leisner sehr geändert. Man spricht von ‚Glaubensverdunstung'. Karl hatte noch die Gnade, in eine gläubig-katholische Atmosphäre hineingeboren worden zu sein. Karl hat sich aber auch schon in einer Zeit des ‚Nachwuchschristentums' zu einem mutigen und verantwortungsbewussten ‚Entscheidungschristentum' aufwecken lassen, das er in bewusstem Bündnis mit Maria und mit gleichgesinnten Freunden zu leben suchte und es besonders während seiner KZ-Zeit vorbildlich gelebt hat. In bewusst gepflegter ganzheitlicher Vernetzung und Verbundenheit mit Christus, wie Maria sie gelebt hat und zusammen mit ihr und in gemeinsam gepflegter Aufgeschlossenheit für die Botschaft des Christentums und seine Ideale werden die Christen der Zukunft mitwirken dürfen, dass die Gesellschaft nicht zu einem KZ verkommt, sondern zur Heimat und Familie für alle wird. Karl Leisner hat es vorgemacht und wird dafür ein bereiter Helfer und Begleiter sein.

Biographisches aus dem Patris Verlag

Schmiedl, Joachim
Karl Leisner
Leben für die Jugend
100 S., kt., ISBN 3-87620-193-4

Das 20. Jahrhundert – ein Jahrhundert der Märtyrer. Wie
nie zuvor in der Geschichte der Kirche wurden Christen
um ihres Glaubens willen verfolgt und getötet. Eines der
Opfer ist Karl Leisner. Als junger Diakon verhaftet, im KZ
Dachau zum Priester geweiht, nach seiner Entlassung 1945
an den Folgen des KZ's gestorben, wurde er von Papst Johannes Paul II. in Berlin selig gesprochen.
100 S., kt., ISBN 3-87620-193-4

Mengedodt Karl-Heinz,
Pollak Gertrud, Schmiedl Joachim
In seinem Herzen ein Feuer
Joseph Kentenich (1885-1968), Eine Bildbiographie
ISBN 3-87620-213-2

In dieser Biographie ergeben auf überzeugende Weise
Bildmaterial, informierende und kommentierende Texte
ein Ganzes, das über das spannungsreiche Leben und Wirken des Gründers der internationalen Schönstatt-Bewegung einen Überblick gibt. Das Buch berichtet von der
äußeren und besonders von der innerer Geschichte eines
großen Christen des 20. Jahrhunderts, der in seiner Gründung sich auswirkt ins 21. Jahrhundert.

Monnerjahn, Engelbert
Pater Joseph Kentenich
Ein Leben für die Kirche
3. erw. Auflage, 384 S., mit Abbildungen, Zeittafel, Quellenangaben und Namensverzeichnis, Ln.,
ISBN 3-87620-146-2

Das Standartwerk unter den Biographien über Pater Kentenich. Als Gründer der Schönstatt-Bewegung hat er ein „Charisma von besonderer Leuchtkraft" entfaltet. In allen Kontinenten erblicken immer mehr Menschen in Pater Kentenich ihren geistlichen Vater, der sie lehrt, in einer sich verändernden Welt, im Aufbruch auch der Kirche zu neuen Ufern, nach der Botschaft Christi zu leben.

Hermann Gebert
Heinz Dresbach
Glaubensweg eines Schönstattpriesters
2. Auflage, 248 S. kt., ISBN 3-87620-198-5

In seinem Zusammenleben sah der Autor in Heinz Dresbach den fröhlichen, unbekümmerten Kölner, den kindlich-gläubigen Priester, den allzeit bereiten Seelsorger, der immer zur Verfügung stand. Dieses Bild wird immer mehr abgerundet und es zeigt sich wie ein farbenprächtiger Bildteppich voller Heiterkeit auf dem Antlitz eines erdverbundenen, aber auch ganz gottgeöffneten Priesters, der offensichtlich in besonderer Weise ein Werkzeug der göttlichen Vorsehung sein durfte. Seine tiefe Beziehung zu Pater Kentenich wurzelt in der Weggemeinschaft während der Inhaftierung im KZ Dachau. Sein Leben spiegelt Geschichte und Gründungszeit der Schönstatt-Bewegung.

Joachim Schmiedl
Alexander Menningen (1900 - 1994)
Sein Leben und Wirken
278 S., kt., ISBN 3-87620-229-9

Alexander Menningen gehört zu den Mitgründern der Schönstatt-Bewegung. Seit 1913 in engem Kontakt mit P. Joseph Kentenich, wurde er sein engster Mitarbeiter, vor allem zwischen 1942 und 1968. Er war Jugend- und Männerseelsorger, Pastoraltheologe und einer der ersten Mitglieder der Schönstatt-Patres. Aus Anlass seines 100. Geburtstages legt der Kirchenhistoriker Joachim Schmiedl die erste aus dem Nachlass Menningens erarbeitete Lebensbeschreibung vor. Wichtige Epochen des Lebens und Schaffens Menningens waren: die Zwischenkriegszeit, die Zeit des Nationalsozialismus, die Phase der Auseinandersetzung der Schönstatt-Bewegung mit der Kirche, Akzente in nachkonziliarer Zeit.